Sortir de l'informel

Le rôle des centres de gestion agréés au Cameroun

Chimène Ngu

Sortir de l'informel

Le rôle des centres de gestion agréés au Cameroun

Préface d'Albert Léonard DIKOUME

L'Harmattan
Cameroun

5-7, rue de l'Ecole-Polytechnique, 75005 Paris

http://www.editions-harmattan.fr

ISBN : 978-2-14-028630-8
EAN : 9782140286308

Je dédie ce livre au Seigneur Jésus.

SIGLES, ACRONYMES ET ABRÉVIATIONS

ACDC	*Association camerounaise pour la Défense des Droits des Contribuables*
AMCs	*Approved Management Centers*
APE	*Accords de Partenariat économique*
APME	*Agence de Promotion des PME*
ASS	*Afrique subsaharienne*
BC-PME	*Banque camerounaise des PME*
BIT	*Bureau international du Travail*
BMN	*Bureau de Mise à Niveau*
BSTP- CMR	*Bourse de Sous-Traitance et de Partenariat du Cameroun*
CAD	*Comité d'Aide au Développement*
CAHT	*Chiffre d'Affaires annuel hors taxes*
CAMERCAP-PARC	*Centre d'Analyse et de Recherche sur les Politiques économiques et sociales du Cameroun*
CCIMA	*Chambre de Commerce, d'Industrie, des Mines et de l'Artisanat du Cameroun*
CDI	*Centre divisionnaire des Impôts*
CEMAC	*Communauté économique et monétaire de l'Afrique centrale*
CFCE	*Centre de Formalité et de Création d'Entreprises*

CGA	*Centre de Gestion agréé*
CGI	*Code général des Impôts*
CIAY	*Centre international de l'Artisanat de Yaoundé*
CNPS	*Caisse nationale de Prévoyance sociale*
COBAC	*Commission bancaire de l'Afrique centrale*
COVID-19	*Coronavirus Disease 2019*
CREDAF	*Cercle de Réflexion et d'Échange des Dirigeants des Administrations fiscales*
CSFP	*Comité sectoriel des Finances publiques*
CSRFD	*Cellule du Suivi des Régimes fiscaux dérogatoires*
DGB	*Direction générale du Budget*
DGD	*Direction générale des Douanes*
DGI	*Directeur général des Impôts / Direction générale des Impôts*
DSCE	*Document de Stratégie pour la Croissance et l'Emploi*
DSF	*Déclaration statistique et fiscale*
DSRP	*Document de Stratégie de Réduction de la Pauvreté*
ECAM	*Entreprises du Cameroun*
FENAP	*Fédération nationale des associations de PME*
FNPME	*Fichier national des PME*
GE	*Grandes Entreprises*

GESD	*Growth and Employment Strategy Document*
GICAM	*Groupement interpatronal du Cameroun*
INS	*Institut national de la Statistique*
ME	*Moyenne Entreprise*
MINEPAT	*Ministère de l'Économie, de la Planification et de l'Aménagement du Territoire*
MINFI	*Ministère des Finances / ministre des Finances*
MINPMEESA	*Ministère des Petites et Moyennes Entreprises, de l'Économie sociale et de l'Artisanat*
Nbre	*Nombre*
OCDE	*Organisation de Coopération et de Développement économiques*
OHADA	*Organisation et l'Harmonisation du Droit des Affaires en Afrique*
ONCFC	*Ordre national des Conseils fiscaux du Cameroun*
ONECCA	*Ordre national des Experts-comptables du Cameroun*
PASAPE	*Programme d'Appui et de Soutien à l'Accord de Partenariat économique*
PE	*Petites Entreprises*
PIB	*Produit intérieur brut*
PME	*Petites et Moyennes Entreprises*
PME/PMI	*Petites et Moyennes Entreprises / Petites et Moyennes Industries*

PMEESA	*Petites et Moyennes Entreprises, de l'Économie sociale et de l'Artisanat*
PSA	*Précompte sur achats*
RGE	*Recensement général des Entreprises*
RGE-1	*Premier Recensement général des Entreprises*
RGE-2	*Deuxième Recensement général des Entreprises*
SARL	*Société à Responsabilité limitée*
SYNEDEBOC	*Syndicat national des Exploitants des Débits de Boissons*
SMEs	*Small and Medium Enterprises*
TPE	*Très Petites Entreprises*
UCB	*Union camerounaise des Brasseries*
UDEAC	*Union douanière et économique de l'Afrique centrale*

SOMMAIRE

PRÉFACE

La crise économique entamée au milieu des années 1980 en Afrique eut des conséquences fâcheuses au niveau des politiques publiques au Cameroun et dans plusieurs autres pays africains. Les politiques d'ajustement structurel marquées notamment par la réduction des effectifs de la Fonction publique et la rigueur budgétaire ont conduit à décupler l'activité du secteur économique informel en raison de la montée du chômage et de la baisse des salaires.

Par secteur informel, il faut entendre d'abord toute activité exercée en dehors du cadre d'une entreprise. Ensuite, toute entreprise qui n'a pas un régime d'imposition déclaré demeure dans l'informel. Celles des entreprises ayant un régime d'imposition déclaré, mais qui relève de l'impôt libératoire sont de l'informel. Par ailleurs, ces entreprises doivent tenir une comptabilité écrite, aboutissant à une comptabilité formelle, c'est-à-dire celle qui mène à la confection d'une Déclaration statistique et fiscale (DSF). Dans le cas contraire, elles relèvent de l'informel.

Alors que le secteur informel ne regorgeait que de 50 % des actifs en 1987, sa taille était passée à 88,2 % en 1993, puis atteignait le pic de 96,1 % en 2001. En 2009, 72 % des entreprises recensées sont des TPE, 23 % sont des PE, 4 % sont des ME et moins de 1 % sont des GE. Il est généralement admis que ce sont les PME qui génèrent et soutiennent la croissance, créent des emplois, se développent plus rapidement et sont plus novatrices. Cependant, leur cycle de vie est sujet à une mortalité précoce ou tardive.

Pour les accompagner dans ces missions naturelles qui sont les leurs, le Gouvernement a institué des Centres de Gestion agréés (CGA), à l'instar de ce qui se faisait déjà en France et dans plusieurs pays africains. L'une des missions des CGA est d'assister les PE et TPE en matière de gestion, d'accomplissement des obligations administratives diverses et de tenue de la comptabilité. Les promoteurs et les adhérents de ces CGA bénéficient d'un certain nombre d'avantages légaux, notamment fiscaux.

Mais le Gouvernement ne doit pas se contenter d'accorder des avantages ; il faut évaluer les apports et les effets des avantages accordés. Les évaluations doivent être qualitatives et quantitatives, car il s'agit de dépenses fiscales effectives. Il se trouve paradoxalement que l'Administration fiscale, contrairement à ce qu'elle a fait relativement à certains autres avantages fiscaux plus récents, n'a encore rendu publique aucune évaluation des avantages accordés aux CGA. Pourtant le sujet ne manque pas d'intérêt.

Évaluer « les mesures incitatives dans les Centres de Gestion agréés au Cameroun » était le projet de Chimène NGU, révélé dans le présent ouvrage publié aux éditions L'Harmattan. L'auteure a commencé à s'y intéresser à l'occasion de la recherche sanctionnant son master 2 professionnel de fiscalité, obtenu avec la mention très bien, à la Faculté des Sciences juridiques et politiques de l'université de Douala.

Chimène NGU nous livre aujourd'hui une très précieuse présentation de ce segment encore peu connu de l'activité économique, mais aussi un ensemble de réflexions et de suggestions offrant de sérieuses perspectives de progrès.

Sa présentation permet de prendre connaissance des principaux textes régissant les CGA et de leur évolution, comme de différents éléments permettant l'appréciation et l'évaluation des objectifs assignés aux CGA. L'analyse des objectifs exprimés est elle-même riche d'enseignements. Elle développe ensuite une réflexion critique sur les dispositions légales et réglementaires relatives aux CGA, ce qui l'amène à considérer qu'une bonne partie des mesures incitatives appliquées jusqu'ici pour la promotion des CGA sont impertinentes ou mal appliquées.

Une recherche d'amélioration de l'environnement des CGA peut certainement trouver inspiration dans le travail de Chimène NGU. Elle n'a guère eu la prétention de clore le débat sur *les mesures incitatives dans les CGA au Cameroun*, mais la lecture de son ouvrage sera de grande utilité tant pour les promoteurs, les adhérents de CGA, que pour les pouvoirs publics.

Albert Léonard DIKOUME

Docteur en Droit de l'université Paris 1, Panthéon-Sorbonne
Consultant international
Conseil fiscal agréé CEMAC n° CF 243-ONCFC n°152
Enseignant associé à l'université de Douala
Membre de l'Institut international des Sciences fiscales (2ISF)

INTRODUCTION GÉNÉRALE

Le ministre des Petites et Moyennes Entreprises, de l'Économie sociale et de l'Artisanat (MINPMEESA) déclarait : *une Petite et Moyenne Entreprise (PME), au bout de vingt et quatre (24) mois, peut rentrer dans la vallée de la mort qui est une période assez critique si justement le dispositif d'accompagnement, d'encadrement financier et non financier n'est pas mis en place*[1]. Ce discours a été tenu au cours du lancement de la première édition de la célébration de la semaine mondiale de l'entrepreneuriat au Cameroun le 18 novembre 2019 au Centre international de l'Artisanat de Yaoundé (CIAY)[2]. Bien avant, il s'était rendu à Garoua[3] et Ngaoundéré[4] pour prendre part à la quatrième édition des caravanes de sensibilisation des PME sous le thème : *soutenir l'adhésion des PME aux Centres de Gestion agréés (CGA) : un enjeu gouvernemental de croissance*[5]. Au terme de ces visites du MINPMEESA, on retient qu'il y a une réelle nécessité pour les PME de bénéficier d'un accompagnement adéquat dès leur création. En effet, le cabinet ABS-international considère les CGA comme des structures d'accompagnement des PME vers la

---

[1] https://www.cameroon-tribune.cm/article.html/29257/fr.html/viabilite-de-lentrepreuneuriat-le-combat-continue, consulté le 2 décembre 2019.

[2] http://www.minpmeesa.gov.cm/site/premiere-edition-de-la-semaine-mondiale-de-lentrepreneuriat-au-cameroun-18-22-novembre-2019-plaquette-programme/, consulté le 2 décembre 2019.

[3] Le MINPMEESA était à Garoua les 27 et 28 juin 2019.

[4] Présence du MINPMEESA à Ngaoundéré les 23 et 24 juillet 2019.

[5] http://www.minpmeesa.gov.cm/site/le-minpmeesa-a-ngaoundere/, consulté le 9 octobre 2019.

croissance.[6] Autant c'est bien d'encourager les PME à adhérer aux CGA, autant c'est une bonne chose de s'arrêter un moment pour faire une évaluation du dispositif actuel. À cet effet, il convient au préalable d'expliquer quelques termes pour mieux cerner les contours de cet ouvrage. Il s'agit notamment de « l'évaluation », de « l'incitation » et des « CGA ».

L'évaluation est définie par le Comité d'Aide au Développement (CAD) de l'Organisation de Coopération et de Développement économiques (OCDE) comme une *appréciation systématique et objective d'un projet, d'un programme ou d'une politique, en cours ou terminé, de sa conception, de sa mise en œuvre et de ses résultats. Le but est de déterminer la pertinence et l'accomplissement des objectifs, l'efficience en matière de développement, l'efficacité, l'impact et la durabilité*[7].

S'agissant de l'incitation, Suzanne QUIERS-VALETTE, la pionnière qui l'avait élucidée[8] nous permet de comprendre qu'il s'agit d'*une mesure spécifique de politique économique, non obligatoire, cherchant à obtenir des agents qu'elle vise, un comportement déterminé, non*

---

[6] ABS-international, *Centre de Gestion agréé : guide de l'entrepreneur*, Douala, PASAPE, avril 2012, p. 7.

[7] CAD, *Glossaire de principaux termes relatifs à l'évaluation et la gestion axée sur les résultats*, Paris, OCDE, 2002, pp. 21-22.

[8] Suzanne QUIERS-VALETTE, *L'incitation : un nouveau concept de politique économique*, Paris, Hachette, 1978, p. 18. En tant que maître de recherche au centre national de la recherche scientifique, elle disait que quatre critères fondent l'incitation : la spécificité, l'absence de sanction, l'existence d'un couple avantage(s)-contrepartie(s) et le comportement que l'incitation cherche à susciter, qui n'est pas souhaité ou même imaginé par les agents. Comme avantages, elle cite les dégrèvements fiscaux, les subventions, etc. S'agissant de la contrepartie, elle fait allusion au fait que l'agent, pour bénéficier des avantages, doit effectuer telle opération économique significative de tel comportement.

souhaité par eux ou qu'ils n'ont pas idée d'adopter, au moins au départ, en échange d'un ou plusieurs avantages déterminés[9].

Quant aux CGA, ce sont des entreprises sous la forme associative dont l'agrément est délivré par le ministère des Finances (MINFI). Elles ont pour vocation d'apporter une assistance en matière de gestion et d'encadrer les adhérents dans l'accomplissement de leurs obligations fiscales.[10]

Les personnes physiques ou morales éligibles pour adhérer aux CGA sont celles qui réalisent un Chiffre d'Affaires annuel hors taxes (CAHT) inférieur ou égal à cent (100) millions de F CFA[11]. Cela veut dire que sont concernées : les très petites entreprises (TPE)[12] qui emploient au plus cinq (5) personnes et dont le CAHT n'excède pas quinze (15) millions de F CFA et les petites entreprises (PE)[13] qui emploient entre six (6) et vingt (20) personnes et dont le CAHT est supérieur à quinze (15) millions de F CFA et n'excède pas cent (100) millions de F CFA. Il est à noter que les PE qui emploient entre six (6) et

---

[9] Suzanne QUIERS-VALETTE, *L'incitation : un nouveau concept de politique économique*, précité, p. 18.

[10] Décret n° 2000/002/PM du 6 janvier 2000 portant organisation des CGA et fixant les avantages fiscaux des adhérents des CGA, art. 2 et 3.

[11] Code général des Impôts, éditions 2020, art. 118 al. 1 et 2.

[12] Loi n° 2015/010 du 16 juillet 2015 modifiant et complétant certaines dispositions de la loi n° 2010/001 du 13 avril 2010 portant promotion des petites et moyennes, art. 5 et 6.

[13] Autrefois, la loi n° 2010/001 du 13 avril 2010 portant promotion des PME prévoyait plutôt ceci : la TPE est une entreprise qui emploie au plus cinq personnes et dont le CAHT n'excède pas quinze millions de F CFA. La PE est une entreprise qui emploie entre six et vingt personnes et dont le CAHT est supérieur à quinze millions de F CFA et n'excède pas cent millions de F CFA. La moyenne entreprise (ME) est une entreprise qui emploie entre vingt et une (21) et cent (100) personnes et dont le CAHT est supérieur à cent (100) millions de F CFA et n'excède pas un milliard de F CFA.

vingt (20) personnes et dont le CAHT est compris entre cent (100) millions et deux cent cinquante (250) millions de F CFA en sont exclues.

Pour qu'une entreprise soit reconnue légalement comme TPE ou PE, il lui faut au préalable quitter le secteur informel. Certes, certaines entreprises du secteur non structuré adhèrent aux CGA, mais elles ne peuvent pas bénéficier pleinement des avantages octroyés dans ces centres comme on le verra. Cette discrimination s'explique par le fait que le secteur informel est perçu comme : *un sous-ensemble d'entreprises non constituées en société en tant qu'entités juridiques distinctes, indépendamment de leurs propriétaires.*[14] Le Bureau international du travail (BIT) précise qu'*elles ne tiennent pas un ensemble complet de comptes (y compris des bilans de l'actif et du passif) permettant de distinguer clairement les activités de production des entreprises des autres activités de leurs propriétaires et d'identifier les flux éventuels de revenus et de capitaux entre les entreprises et leurs propriétaires.*[15]

Les explications données plus haut nous amènent à dire qu'évaluer les mesures incitatives dans les CGA du Cameroun revient à donner une appréciation objective au sujet du dispositif impulsif qui a été mis en place dans ces centres d'assistances en gestion et sécurité fiscale. Pour mieux analyser ces mesures, il convient de connaître l'historicité des CGA.

Les CGA sont nés en France par la loi d'orientation du commerce et de l'artisanat du 27 décembre 1973, dite « Loi Royer »[16]. On pourrait penser que c'est dit « Loi Royer »

---

[14] BIT, *Enquête auprès des entreprises informelles du Cameroun*, Cameroun, OIT, 2017, p. 13.

[15] *Ibid.*

[16] https://fr.m.wikipedia.org/wiki/Centre_de_gestion_agréé_(France), consulté le 9 octobre 2019.

parce que le verbe « royer » signifie : *creuser des sillons dans un pré pour qu'il absorbe plus d'eau ou pour en activer le drainage*[17]. C'est vrai qu'on pourrait considérer cela comme une sorte de parabole au sujet des CGA, mais c'est parce que Jean Royer, ministre du Commerce et de l'Artisanat était à l'initiative de cette loi. Il avait pour but de sauver le petit commerce[18].

Les CGA ont été institués dans plusieurs pays africains à l'instar du Maroc, du Mali, du Sénégal[19], etc. Ils ont été institués au Cameroun par la loi de Finances pour l'exercice 1996/1997[20]. À son article douzième, cette loi était très restreinte au sujet des adhérents et des avantages qui devaient leur être octroyés. Elle prévoyait que : *les adhérents des centres de gestion bénéficient d'un abattement sur leur bénéfice déclaré soumis à un régime réel d'imposition. Cet abattement est fixé à 10 % du bénéfice sans qu'il puisse dépasser 5 millions de F CFA*[21]. Par la suite, il fallait attendre les modalités d'application de ces dispositions qui devaient être fixées par voie réglementaire. Le 6 janvier 2000, le Premier ministre avait signé le décret portant organisation des CGA et fixant les avantages fiscaux des adhérents des CGA[22]. Le 29 mars

---

[17] https://www.larousse.fr/dictionnaires/francais/royer/70143, consulté le 9 octobre 2019.

[18] https://fr.m.wikipedia.org/wiki/Loi_d%27orientation_du_commerce_et_de_l%27artisanat, consulté le 9 octobre 2019.

[19] Christian EKEN TCHOUKOANGO, *L'apport des centres de gestion agréés dans la fiscalité camerounaise,* Université de Douala, Faculté des Sciences juridiques et politiques, Master 2, Administration fiscale, 2014-2015, p. 8.

[20] Loi n° 96/08 du 1er juillet 1996 portant loi de Finances de la République du Cameroun pour l'exercice 1996/1997.

[21] Loi n° 96/08 du 1er juillet 1996, précitée, art. douzième.

[22] Décret n° 2000/002/PM du 6 janvier 2000 portant organisation des centres de gestion agréés et fixant les avantages fiscaux des adhérents des centres de gestion agréés.

2007 marque une date décisive, car ce même jour, les modifications sont opérées au sujet de l'organisation des CGA[23] et les modalités d'application[24] de ces dispositions voient enfin le jour. Désormais, seules les PE réalisant un chiffre d'affaires compris entre quinze (15) et deux cent cinquante (250) millions de F CFA pouvaient avoir le privilège d'adhérer à un CGA. La loi de Finances pour l'exercice 2011 et le décret du Premier ministre du 12 mai 2011 ont permis aux TPE qui étaient jusqu'alors exclues d'avoir aussi le droit de bénéficier des avantages qu'offre ce cadre d'accompagnement. En revanche, les PE réalisant un chiffre d'affaires supérieur à 100 millions de F CFA ont été écartées[25]. Ces modifications et bien d'autres ont permis aux adhérents de CGA d'avoir droit à plusieurs avantages fiscaux tels qu'un abattement du bénéfice déclaré qui passait de 10 % à 25 %[26] et à 50 %[27]. La Chambre de Commerce, d'Industrie, des Mines et de l'Artisanat du Cameroun (CCIMA) a été la première à obtenir son

---

[23] Décret n° 2007/0456/PM du 29 mars 2007 modifiant et complétant certaines dispositions du décret n° 2000/002/PM du 6 janvier 2000 portant organisation des centres de gestion agréés et fixant les avantages fiscaux des adhérents des centres de gestion agréés.

[24] Arrêté n° 079/PM du 29 mars 2007 fixant les modalités d'application du décret n° 2000/002/PM du 6 janvier 2000 portant organisation des activités de centres de gestion et fixant les avantages fiscaux des adhérents des centres de gestion agréés ; arrêté modifié et complété par le décret n° 2007/0456/PM du 29 mars 2007.

[25] Décret n° 2011/1137/PM du 12 mai 2011 modifiant et complétant certaines dispositions du décret n° 2000/002/PM du 6 janvier 2000 portant organisation des centres de gestion agréés et fixant les avantages fiscaux des adhérents des centres de gestion agréés et ses modificatifs subséquents, art. 3 al. 2.

[26] Loi n° 2009/018 du 15 décembre 2009 portant loi de Finances de la République du Cameroun pour l'exercice 2010.

[27] Loi n° 2010/015 du 21 décembre 2010 portant loi de Finances de la République du Cameroun pour l'exercice 2011, art. 119 al. 1.

agrément le 9 mars 2009 pour exercer en tant que CGA[28]. Autant l'historicité des CGA est importante, autant la justification et l'objet de cette étude le sont.

La première phase de l'exécution du Document de Stratégie pour la Croissance et l'Emploi (DSCE) lancée en 2010 prévoyait l'ouverture des CGA offrant des services de comptabilité et d'accomplissement des formalités fiscales aux PME. Ce premier dispositif était supposé constituer une incitation significative aux opérateurs du secteur informel à s'immatriculer auprès de l'Administration fiscale et se traduire à partir de 2011, par une poussée du nombre d'entreprises et d'emplois décents créés[29]. Avant d'entrer de plain-pied dans la deuxième phase d'exécution de ce DSCE qui concerne les années 2020 à 2027[30], nous avons jugé opportun de faire une évaluation pour savoir si les objectifs de la première phase ont été réalisés ou pas.

En outre, nous avons constaté que la Direction générale des Impôts (DGI) a fait une évaluation de la dépense fiscale dans son rapport de 2017 au sujet de la loi d'avril 2013 sur les incitations à l'investissement[31], soit quatre (04) ans seulement après l'avènement de cette loi. Mais il est curieux de remarquer que les avantages accordés aux CGA qui ont été institués depuis la loi de Finances pour l'exercice 1996/1997[32] et qui ont lancé officiellement leurs activités le 3 mars 2010 n'ont pas encore connu une évaluation similaire rendue publique jusqu'à nos jours.

---

[28] Arrêté n° 0140/MINFI/DG/LC/C du 9 mars 2009 portant agrément de la CCIMA comme CGA.

[29] *Document de Stratégie pour la Croissance et l'Emploi (DSCE) : cadre de référence de l'action gouvernementale pour la période 2010-2020*, août 2009, p. 90.

[30] MINEPAT, *Cameroun vision 2035,* février 2009, p. 28.

[31] DGI, *Rapport annuel 2017*, p. 73.

[32] Loi n° 96/08 du 1er juillet 1996, précitée.

Nous sommes d'autant plus soucieux lorsque nous ne voyons aucune évaluation des CGA dans l'annuaire statistique des Petites et Moyennes Entreprises, de l'Économie sociale et de l'Artisanat (PMEESA) de 2018 alors que le ministre de tutelle affirme que son ministère a pour principale mission l'élaboration, la mise en œuvre et l'évaluation de la politique gouvernementale en matière de développement des PMEESA. Il précise en outre que son ministère s'est doté de cet annuaire qui joue un rôle important dans la chaîne de production de l'information statistique qui alimente le suivi de la mise en œuvre du DSCE.[33]

Pour essayer de combler ne serait-ce que partiellement ce vide, notre évaluation portera sur le soutien au financement[34] accordé aux PME, notamment les avantages fiscaux dans les CGA.

Toutefois, nous ne serons pas en mesure de procéder à une véritable évaluation des dépenses fiscales engagées par les pouvoirs publics au profit des CGA, les données statistiques n'ayant pas été affinées jusqu'à ce niveau. Cependant, l'ensemble des faveurs qui leur sont accordées conformément à la réglementation feront l'objet d'une appréciation minutieuse. Les écarts par rapport aux objectifs initiaux seront mis en exergue, puis analysés.

L'ensemble des informations collectées et analysées pourrait intéresser autant le Gouvernement, l'Administration fiscale que les promoteurs et adhérents des CGA. En effet, l'appréciation que nous ferons dans le cadre de cette étude pourrait servir de miroir au Gouvernement afin qu'il puisse prendre en compte nos suggestions durant la deuxième phase de la mise en œuvre de la vision à

---

[33] *Annuaire statistique des PMEESA 2018*, p. 1.

[34] Loi n° 2010/001 du 13 avril 2010 portant promotion des petites et moyennes entreprises au Cameroun, art. 34.

l'horizon 2035. Cette étape prévoit le renforcement du développement des petites et moyennes entreprises/petites et moyennes industries (PME/PMI) et la préservation du cadre incitatif pour la création des emplois décents[35]. On verra probablement une nouvelle révision des politiques fiscales en matière de CGA. Cet ouvrage permettra aussi aux adhérents de CGA de revendiquer un meilleur traitement. Bien entendu, les promoteurs de CGA pourraient aussi s'en servir pour s'améliorer.

Les articles 119, 128 al. 20 et C 12 al. 3 du Code général des Impôts (CGI) de 2020 présentent un certain nombre d'avantages fiscaux aux adhérents et promoteurs de CGA. La question fondamentale qu'on se pose est la suivante : les mesures incitatives appliquées jusqu'ici pour la promotion des CGA sont-elles satisfaisantes ?

Autrement dit, quelle était l'opportunité de l'institution des lois en faveur des CGA ? Quelle appréciation peut être faite à l'égard des mesures incitatives au profit des adhérents et promoteurs de CGA ?

Les recherches menées tant au niveau des textes, des promoteurs que des adhérents des CGA nous permettent d'affirmer que les mesures incitatives appliquées jusqu'ici pour la promotion des CGA sont plus ou moins satisfaisantes dans certaines conditions.

Démontrer cela et répondre aux différentes questions que pose la problématique recommandent d'effectuer des recherches théoriques et pratiques nécessaires à une bonne argumentation. Il s'agira d'adopter une méthode de recherche propre à chaque partie.

Nous avons utilisé la méthode de l'exégèse tant à la première partie qu'à la seconde partie de cet ouvrage. Ceci

[35] MINEPAT, *Cameroun vision 2035,* précité, p. 29.

implique une mise en évidence de tous les textes légaux et réglementaires en vigueur et un argumentaire sur la base de données textuelles. Dans la seconde partie, nous avons aussi appliqué la méthode sociologique de la libre recherche scientifique. Il reviendra donc pour nous de confronter la pratique au fonctionnement des CGA comme prévu par la loi, de présenter les failles et des pistes d'améliorations possibles.

Pour être à même de démontrer si oui ou non il y aurait une quelconque satisfaction dans les avantages accordés aux CGA, nous serons amenés à voir l'opportunité de l'institution des lois en faveur des CGA (première partie), puis apprécier les mesures incitatives au profit des adhérents et promoteurs de CGA (seconde partie).

PREMIÈRE PARTIE :

L'OPPORTUNITÉ DE L'INSTITUTION DES LOIS EN FAVEUR DES CGA

Savoir d'où l'on vient et où l'on se trouve peut aider à dessiner la suite du chemin[36].

Nous épousons cette pensée dans la mesure où notre évaluation ne peut se faire avec aisance si on ne sait pas à quoi renvoient le cadre réglementaire et les motivations de l'instauration des CGA (chapitre 1), ni la finalité des mesures incitatives destinées aux adhérents et promoteurs de CGA (chapitre 2).

[36] https://citation-celebre.leparisien.fr/citations/120564, consulté le 19 octobre 2019.

CHAPITRE 1 :

LE CADRE RÉGLEMENTAIRE ET LES MOTIVATIONS DE L'INSTAURATION DES CGA

Peut-être inspirée par John STUART MILL, *la liberté des uns s'arrête là où commence celle des autres*[37]. C'est la loi qui encadre cette liberté. L'initiative de créer, modifier ou abroger une loi est une prérogative qui incombe au Gouvernement ou est relative à un problème qui mine la société, qu'elle vient résoudre. En ce qui concerne les CGA, il est nécessaire de s'enquérir de l'évolution de leur cadre réglementaire (section 1) et les motivations de leur instauration (section 2).

Section 1 : L'évolution du cadre réglementaire des CGA

La réglementation en matière de CGA n'est pas restée statique depuis son avènement. Elle a connu une évolution significative de 1996 à 2009 (§1) et de 2010 à 2020 (§2).

§1. Les textes régissant les CGA de 1996 à 2009

Les textes dont il est question relèvent de la loi n° 96/08 du 1er juillet 1996 portant loi de Finances de la République du Cameroun pour l'exercice 1996/1997 (A), le décret n° 2000/002/PM du 6 janvier 2000 portant organisation des CGA et fixant les avantages fiscaux des adhérents des CGA

---

[37] https://fr.m.wikipedia.org/wiki/Liberté, consulté le 25 octobre 2019.

(B), le décret n° 2007/0456/PM du 29 mars 2007 modifiant et complétant certaines dispositions du décret n° 2000/002/PM du 6 janvier 2000 portant organisation des CGA et fixant les avantages fiscaux des adhérents des CGA (C), l'arrêté n° 079/PM du 29 mars 2007 fixant les modalités d'application du décret n° 2000/002/PM du 6 janvier 2000 portant organisation des activités des CGA et fixant les avantages fiscaux des adhérents des CGA, modifié et complété par le décret n° 2007/0456/PM du 29 mars 2007 (D), le Cahier de charges des CGA (E), la loi n° 2009/018 du 15 décembre 2009 portant loi de Finances de la République du Cameroun pour l'exercice 2010 (F).

A. La Loi n° 96/08 du 1er juillet 1996 portant loi de Finances de la République du Cameroun pour l'exercice 1996/1997

Comme nous l'avons vu plus haut, cette loi de Finances n° 96/08 a permis l'introduction de la notion de CGA dans notre contexte. Ladite loi instituait à son article 12 les avantages fiscaux au profit des adhérents des centres de gestion agréés dont la teneur suit : *les adhérents des centres de gestion bénéficient d'un abattement sur leur bénéfice déclaré soumis à un régime réel d'imposition. Cet abattement est fixé à 10 % du bénéfice sans qu'il puisse dépasser 5 millions de F CFA. Les modalités d'application des dispositions ci-après sont fixées par voie réglementaire.* Ces modalités d'application ont vu le jour onze (11) ans plus tard avant de subir plusieurs aménagements. En attendant, le décret portant organisation des CGA et fixant les avantages fiscaux des adhérents des CGA a fait son apparition trois (3) ans plus tard comme nous le verrons.

B. Le décret n° 2000/002/PM du 6 janvier 2000 portant organisation des CGA et fixant les avantages fiscaux des adhérents des CGA

Ce décret a été le premier du genre à véritablement organiser les CGA. Il est réparti sous forme de dispositions générales (1) ; d'organisation des activités des CGA (2) ; des avantages fiscaux des adhérents de CGA (3) et des autres dispositions (4).

1. Des dispositions générales

Les centres de gestion sont créés sous forme d'associations à l'initiative des professionnels de la comptabilité régulièrement agréés par l'Union douanière et économique de l'Afrique centrale (UDEAC), des professionnels de la fiscalité. Ces centres peuvent être également créés à l'initiative des chambres consulaires, des organisations professionnelles légalement constituées d'industriels, de commerçants, d'artisans, d'agriculteurs, ainsi que des titulaires de charges et offices. Ils sont agréés dans les conditions fixées par arrêté du Premier ministre.[38]

Les CGA apportent une assistance en matière de gestion et encadrent les professionnels susnommés dans l'accomplissement de leurs obligations déclaratives. Lesdits professionnels doivent réaliser un CAHT variable

[38] Décret n° 2000/002/PM du 6 janvier 2000, précité, art. 2 al. 1 à 3.

entre la limite supérieure du régime de base[39] et deux cent cinquante (250) millions de F CFA.[40]

2. L'organisation des activités des CGA

Les CGA sont investis d'une mission générale d'encadrement et de formation des contribuables. À ce titre, ils sont responsables de la tenue des documents comptables et de la déclaration des revenus de leurs adhérents. Tout CGA est tenu de souscrire une convention d'assistance avec un expert de toute discipline dont le promoteur n'a pas la parfaite maîtrise, notamment avec des experts-comptables ou comptables agréés, des conseils fiscaux, des financiers et tout autre expert.[41]

La comptabilité des adhérents des CGA doit être tenue, centralisée ou surveillée par un comptable agréé qui vise les documents fiscaux après s'être assuré de leur régularité et avoir demandé tous renseignements utiles de nature à établir la concordance entre les résultats et la comptabilité. Les experts-comptables et comptables agréés exercent sous leur responsabilité une mission de surveillance sur chaque dossier et délivrent le visa prévu. Ils peuvent refuser d'accomplir cette formalité si leurs observations n'ont pas été suivies d'effet avant la clôture des comptes de l'exercice. Dans ce cas, l'Administration apprécie au vu des observations présentées par le contribuable s'il y a lieu ou non d'accorder l'abattement prévu. La rémunération des

---

[39] Avant la loi n° 2011/020 du 14 décembre 2011 portant loi de Finances de la République du Cameroun pour l'exercice 2012, il y avait quatre régimes d'imposition à savoir le régime de l'impôt libératoire (CAHT inférieur à 15 millions F CFA), le régime de base (15 millions F CFA<CAHT<50 millions F CFA), le régime du simplifié (50 millions F CFA<CAHT<100 millions F CFA) et le régime du réel (CAHT supérieur à 100 millions F CFA).

[40] Décret n° 2000/002/PM du 6 janvier 2000, précité, art. 3 al. 1 et 2.

[41] *Ibid.*, art. 4 al. 1 et 2.

prestations rendues par les CGA ne peut excéder une limite fixée par Arrêté du ministre chargé des Finances.[42]

Les CGA sont habilités à élaborer pour leurs adhérents placés sous un régime réel d'imposition, les déclarations destinées à l'administration fiscale.[43] Les membres des CGA doivent informer leur clientèle de leur qualité d'adhérent. Cette information consiste en l'inscription sur tout document à caractère commercial émis par l'opérateur, de l'indication ci-après : *membre de centre de gestion agréé*.[44]

L'administration fiscale apporte à titre gratuit une assistance technique aux CGA dans les conditions fixées d'accord parties. Elle a pour mission de répondre verbalement ou par écrit à toutes les questions posées par le centre au sujet de l'imposition des adhérents. Les réponses écrites signées par les responsables de la Direction générale des Impôts (DGI) engagent l'Administration à l'égard des adhérents.[45]

Les représentants de l'administration fiscale veillent à la cohérence entre les résultats déclarés par les adhérents et les obligations légales auxquelles ceux-ci sont tenus.[46]

3. Des avantages fiscaux des adhérents des CGA

Les adhérents des CGA bénéficient d'un abattement sur leur bénéfice déclaré soumis à un régime réel d'imposition. Cet abattement est fixé à 10 % du bénéfice imposable sans qu'il puisse dépasser cinq (5) millions de F CFA. Cet

---

[42] *Ibid.*, art. 5 al. 1 à 5.
[43] *Ibid.*, art. 6.
[44] Décret n° 2000/002/PM du 6 janvier 2000, précité, art. 7.
[45] *Ibid.*, art. 8.
[46] *Ibid.*, art. 9.

abattement peut être relevé par une loi de Finances si les circonstances et l'environnement économique l'exigent.[47]

Les limitations du montant de l'abattement résultant de la précédente application sont opérées sur la totalité du revenu net professionnel déclaré par une même personne physique dans une même catégorie de revenus. Aucun abattement n'est appliqué à la partie des bénéfices résultant d'un redressement, sauf lorsque ce dernier fait suite à une déclaration rectificative souscrite spontanément par l'adhérent. Il n'y a pas d'abattement lorsque la déclaration des résultats ou des revenus n'est pas souscrite dans les délais. De même, l'adhérent perd le droit à l'abattement dès lors que sa mauvaise foi est établie à l'occasion d'un redressement de l'impôt sur le revenu au titre de l'année d'imposition.[48]

Les titulaires des revenus passibles de l'impôt sur le revenu dans les catégories des bénéfices industriels et commerciaux, des bénéfices agricoles, des bénéfices non commerciaux dont le chiffre d'affaires ou les recettes sont inférieurs aux limites du régime de base ou du régime simplifié de TVA et qui ont opté pour le réel et adhéré au CGA, bénéficient d'une réduction de l'impôt sur le revenu dû égale au montant des dépenses exposées pour la tenue de la comptabilité, et éventuellement pour l'adhésion au CGA. Cette réduction plafonnée à cinq cent mille (500 000) F CFA par an s'applique sur le montant de l'impôt sur le revenu et dans la limite de ce montant, au titre des deux premiers exercices. L'option pour le réel susvisée est irrévocable pendant trois ans.[49]

---

[47] *Ibid.*, art. 10 al. 1 à 3.
[48] *Ibid.*, art. 11 al. 1 à 3.
[49]Décret n° 2000/002/PM du 6 janvier 2000, précité, art. 12 al. 1 à 3.

4. Les autres dispositions

Ces autres dispositions prévoient qu'il sera créé par Arrêté du ministre des Finances deux CGA expérimentaux et un comité de suivi de leur mise en place.[50]

En cas de manquement dans l'exercice des activités d'un CGA, le ministre chargé des Finances peut, après mise en demeure du DGI restée sans suite, prononcer le retrait de l'agrément audit centre ou subordonner la validité ou le renouvellement de cet agrément au changement de l'équipe dirigeante. Les modalités d'application de la précédente disposition devront être fixées par Arrêté du ministre chargé des Finances.[51]

C. Le décret n° 2007/0456/PM du 29 mars 2007 modifiant et complétant certaines dispositions du décret n° 2000/002/PM du 6 janvier 2000 portant organisation des CGA et fixant les avantages fiscaux des adhérents des CGA

Les dispositions des articles 2, 3, 10 et 11 du décret n° 2000/002/PM du 6 janvier 2000 portant organisation des CGA et fixant les avantages fiscaux des adhérents des CGA ont été modifiées et complétées au niveau des dispositions générales (1) et des allègements fiscaux au profit des adhérents de CGA (2).

1. Des dispositions générales

Les CGA sont créés sous forme d'associations à l'initiative des professionnels de la comptabilité et de la fiscalité régulièrement agréés non plus par l'UDEAC, mais dorénavant par la Communauté économique et monétaire

---

[50] *Ibid.*, art. 13.
[51] *Ibid.*, art. 14.

de l'Afrique centrale (CEMAC) et inscrits au tableau de leurs ordres nationaux respectifs.[52]

Les adhérents des CGA doivent réaliser un CAHT non plus variable entre la limite supérieure du régime de base et deux cent cinquante (250) millions de F CFA, mais désormais compris entre quinze (15) et deux cent cinquante (250) millions de F CFA.[53]

2. Des allègements fiscaux au profit des adhérents des CGA

Des avantages fiscaux sont accordés aux adhérents des CGA lors de la liquidation de leurs déclarations fiscales. Ils sont fixés de la manière suivante : pour les contribuables soumis au régime du réel, un abattement de 10 % du bénéfice imposable, sans qu'il puisse dépasser non plus cinq (5) millions, mais désormais dix (10) millions F CFA. Dorénavant, les contribuables relevant du régime de base et du régime simplifié bénéficieront d'une réduction de l'impôt sur le revenu dû, égale au montant des dépenses exposées pour tenir la comptabilité et, éventuellement, pour l'admission au CGA, plafonnée à 500 000 F CFA.[54]

Les limitations du montant de l'abattement résultant de l'application des précédentes dispositions sont opérées désormais non seulement sur la totalité du revenu net professionnel déclaré par une même personne physique dans une même catégorie de revenus, mais aussi sur la totalité du bénéfice déclaré par une même personne morale éventuellement.[55]

---

[52]Décret n° 2007/0456/PM du 29 mars 2007, précité, art. 2 al. 1.
[53]*Ibid.*, art. 3 al. 2.
[54]*Ibid.*, art. 10.
[55]*Ibid.*, art. 11 al. 1.

D. L'arrêté n° 079/PM du 29 mars 2007 fixant les modalités d'application du décret n° 2000/002/PM du 6 janvier 2000 portant organisation des activités des CGA et fixant les avantages fiscaux des adhérents des CGA, modifié et complété par le décret n° 2007/0456/PM du 29 mars 2007

L'arrêté n° 079/PM vient du fait que le décret n° 2007/0456/PM prévoyait que les centres de gestion sont agréés dans les conditions fixées par arrêté du Premier ministre. Ledit arrêté dispose que le ministre de l'Économie et des Finances et le MINPMEESA sont chargés, chacun en ce qui le concerne, de l'application des dispositions concernant l'agrément des centres de gestion (1), des modalités de l'assistance aux CGA (2), des sanctions aux manquements des adhérents et des promoteurs de CGA (3).

1. L'agrément des centres de gestion

Sous réserve de l'obtention de l'agrément du ministre chargé des Finances, les centres de gestion légalement constitués peuvent apporter leur assistance en matière de gestion, d'encadrement et d'aide à l'exécution des obligations fiscales aux entreprises adhérentes.[56]

Les centres de gestion sont agréés pour une période de trois ans, renouvelables par le ministre chargé des Finances après avis d'une commission consultative, ci-après désignée « la Commission ». L'agrément des CGA est accordé dans un délai d'un mois, à compter de la date de dépôt du dossier complet auprès de la Commission. En cas d'absence de réponse de l'Administration dans le délai susvisé, l'agrément est réputé avoir été délivré.[57] La participation aux travaux de la Commission est gratuite. Toutefois, les frais afférents à son fonctionnement sont

---

[56] Arrêté n° 079/PM du 29 mars 2007, précité, art. 1er

[57] *Ibid.*, art. 2 al. 1.

supportés par le budget du ministère chargé des Finances. Ladite Commission est composée ainsi qu'il suit :

- Président : le Directeur général des Impôts (DGI) ;
- Vice-président : un représentant du MINPMEESA ;
- Rapporteur : un représentant de la DGI
- Membres :
    - un représentant du MINPMEESA ;
    - un représentant de l'Ordre national des Experts-Comptables du Cameroun (ONECCA) ;
    - un représentant de l'Ordre national des Conseils fiscaux du Cameroun (ONCFC) ;
    - un représentant de la CCIMA [58];
    - un représentant de l'Association des Petites et Moyennes Entreprises.[59]

Les règles de fonctionnement de chaque centre de gestion sont déterminées par leurs membres, conformément aux dispositions de la loi sur les associations[60]. Cependant, le dossier d'agrément doit comprendre :

- une demande timbrée ;
- un exemplaire des statuts et du règlement intérieur de l'association ;

---

[58] La présence de la CCIMA dans cette commission peut s'expliquer par le fait que la CCIMA avait la charge d'administrer des CGA et la gestion des centres de formalités des entreprises selon le décret n° 2001/380 du 27 novembre 2001 portant changement de dénomination et réorganisation de la Chambre de commerce, d'Industrie, des Mines et de l'Artisanat du Cameroun, art. 14 al. 1. Bien que ce soit le MINPMEESA qui ait désormais cette charge, la CCIMA a néanmoins entre autres mission, l'accompagnement des entreprises.

[59] Arrêté n° 079/PM du 29 mars 2007, précité, art. 3.

[60] Loi n° 90/053 du 19 décembre 1990 relative à la liberté d'association.

- la liste des principaux membres de l'association et leurs extraits de casier judiciaire datant de moins de trois mois ;
- le numéro d'identifiant unique ;
- le certificat d'imposition ;
- les copies d'agréments pour les professionnels de la comptabilité et de la fiscalité ainsi que les documents attestant de leur existence légale pour les associations et organisations professionnelles habilitées à créer les CGA.[61]

Pour être recevable, toute demande d'agrément doit justifier de l'adhésion d'au moins cent (100) entreprises au centre de gestion.[62]

En vue de l'obtention de l'agrément susvisé, les centres de gestion devront au préalable conclure avec l'administration fiscale et celle chargée des PME, un cahier des charges précisant les obligations des parties. Le modèle de cahier des charges est fourni par l'Administration.[63]

Le renouvellement de l'agrément se fait dans les trois mois qui suivent la fin de la période triennale, après évaluation par l'administration fiscale de l'exécution des clauses du cahier des charges. Les résultats de l'évaluation sont soumis à la Commission qui donne son avis sur l'éventualité du renouvellement.[64]

2. Des modalités de l'assistance aux CGA

Les CGA sont assistés chacun d'un inspecteur des impôts désigné par le ministre chargé des Finances. L'inspecteur des impôts désigné auprès d'un CGA l'assiste

---

[61] Arrêté n° 079/PM du 29 mars 2007, précité, art. 4.
[62] *Ibid.*, art. 5.
[63] *Ibid.*, art. 6 al. 1 et 2.
[64] *Ibid.*, art. 7 al. 1 et 2.

dans l'accomplissement de ses obligations fiscales. Il peut également prêter son concours au centre lors des réunions d'information ou des séances de formation. L'assistance fournie par l'inspecteur des impôts dans le cadre des activités d'un CGA est gratuite.[65]

3. Des sanctions aux manquements des adhérents et des promoteurs de CGA

Les manquements d'un adhérent à ses obligations entraînent la perte des avantages fiscaux liés à son appartenance au CGA ainsi que son exclusion. La décision d'exclusion est prise par le CGA après avoir mis l'adhérent en demeure de présenter sa défense au regard des faits qui lui sont reprochés.[66]

Les manquements dans l'exercice des activités d'un CGA sont signalés au DGI soit par les adhérents, soit par l'ONECCA et l'ONCFC, soit par tout autre expert chargé d'assister ledit centre ou par l'un de ses dirigeants.[67]

Le DGI instruit le dossier, en rédige un rapport assorti de conclusions motivées, qui est soumis à l'avis préalable de la Commission, puis transmis au ministre chargé des Finances. Celui-ci peut, soit prononcer le retrait de l'agrément, soit exiger le changement de l'équipe dirigeante, sans préjudice de poursuites judiciaires résultant de ces manquements.[68]

---

[65] Arrêté n° 079/PM du 29 mars 2007, précité, art. 8 al. 1 à 4.
[66] *Ibid.*, art. 9 al. 1 et 2.
[67] *Ibid.*, art. 10.
[68] *Ibid.*, art. 11 al. 1 et 2.

E. Le cahier des charges des CGA

Le cahier des charges fourni par l'administration fiscale vient apporter des précisions[69] au sujet d'une disposition[70] contenue dans le décret n° 2000/002/PM du 6 janvier 2000 qui prévoyait que la rémunération des prestations rendues par les CGA ne peut excéder une limite qui sera fixée par le ministre des Finances par décret. Ce cahier de charges qui n'est pourtant pas un décret comme disposait ledit décret lève quand même un pan de voile sur l'application d'une autre mesure qui prévoyait que les experts-comptables et comptables agréés exerceront sous leur responsabilité une mission de surveillance sur la comptabilité des adhérents dans les conditions fixées par arrêté du ministre des Finances[71]. Ces éclaircissements précités et bien d'autres seront énoncés à travers des dispositions générales (1), les modalités d'encadrement des CGA (2), l'organisation et le fonctionnement des CGA (3), les droits et obligations des

---

[69] L'article 7 de ce cahier des charges dispose que :
(1) Les CGA comprennent obligatoirement deux organes à savoir :

- L'assemblée générale des adhérents ;
- Le Comité de direction.

(2) L'assemblée générale des adhérents constitue l'organe délibérant du centre. À ce titre, il vote le budget préparé par le Comité de direction et approuve ses comptes. L'assemblée générale désigne les membres du Comité de direction et en son sein, élit le président, le trésorier et le secrétaire pour un mandat de trois ans, renouvelable. L'assemblée générale des adhérents comprend l'ensemble des adhérents du centre, chaque adhérent étant titulaire d'une voix en cas d'élection.
(3) Le comité de direction est constitué de cinq membres au moins et de dix au plus, parmi lesquels au moins un membre ayant la qualité d'expert-comptable et au moins un membre ayant la qualité de conseil fiscal. Le président du comité de direction représente le CGA dans tous ses rapports avec les tiers et les administrations.

[70] Décret n° 2000/002/PM du 6 janvier 2000, précité, art. 5 al. 4.

[71] Décret n° 2000/002/PM du 6 janvier 2000, précité, art. 5 al. 2.

CGA (4), les sanctions aux manquements des obligations des promoteurs de CGA (5).

1. Des dispositions générales

- Les relations entre les CGA et les adhérents sont régies par un règlement intérieur. Celui-ci doit être conforme au cadre légal et réglementaire organisant leur fonctionnement.
- Les CGA fournissent à leurs adhérents les prestations suivantes :
  - l'assistance comptable permanente à travers la tenue d'une comptabilité régulière, la production des états financiers de leurs membres dans les formes requises par les textes en vigueur ;
  - l'assistance fiscale permanente à travers la production des déclarations fiscales,
  - l'assistance en matière de contrôle, de recouvrement et de contentieux ;
  - l'assistance à la gestion, notamment en matière d'organisation et de planification ;
  - l'assistance et l'accompagnement à l'accomplissement de toute démarche administrative indispensable à leurs missions ;
  - l'information et la formation continue des membres.[72]
- Pour l'accomplissement des missions énumérées précédemment, les CGA doivent justifier de l'existence en leur sein d'une expertise comptable et fiscale. Pour cela, ils s'attachent les services d'un expert-comptable et d'un conseil fiscal inscrits respectivement à l'ONECCA et à l'ONCFC.[73]

---

[72] Cahier des charges des CGA, art. 2.

[73] *Ibid.*, art. 3.

- Les clauses du cahier des charges peuvent être modifiées à l'initiative de l'une des parties. Elles peuvent également être modifiées à la suite d'un changement substantiel dans la législation ou la réglementation relative au CGA.

2. Des modalités d'encadrement des CGA

- L'inspecteur assistant rend compte à sa hiérarchie annuellement, voire plus souvent si la situation du CGA le nécessite. Sa participation et son intervention sont gratuites pour le CGA. L'inspecteur assistant est chargé :
  - d'apporter sur place, son assistance technique au CGA ;
  - d'exercer une action de surveillance du CGA en vérifiant sur place les conditions de fonctionnement ;
  - de participer éventuellement à des réunions d'information organisées par le CGA avec les adhérents. Il répond dans ce cadre aux questions écrites ou orales qui lui sont posées sur des problèmes fiscaux ;
  - de mettre à la disposition du CGA tous documents législatifs et réglementaires en matière fiscale.
- Le MINPMEESA apporte de manière ponctuelle ou sur demande le cas échéant, un appui aux CGA en matière de renforcement des capacités techniques et de gestion. À cet effet, il met à la disposition des CGA l'information nécessaire ainsi que des modules de formation et des instruments de soutien aux PME. Il est chargé de l'évaluation et du suivi des moyens d'encadrement qu'il met à la disposition des CGA.[74]

---

[74] Cahier des charges des CGA, art. 5 et 6.

3. L'organisation et le fonctionnement des CGA

- Au début de chaque exercice, les CGA arrêtent un programme d'activités, accompagné d'un budget. Le budget visé ci-dessus précise :
  - o les allocations de fonctionnement, dont la rémunération des professionnels permanents et/ou occasionnels, les loyers ou toute autre charge jugée indispensable au fonctionnement du centre ;
  - o les allocations destinées à l'investissement.

4. Des droits et obligations des CGA

- Les adhérents doivent transmettre aux CGA leurs états financiers, leurs factures et documents commerciaux ainsi que toutes les informations nécessaires pour procéder aux déclarations fiscales. Les adhérents doivent également signer une charte de transparence élaborée par le CGA et validée par l'inspecteur assistant, et s'engager à la respecter. Le bénéfice des prestations fournies par le centre est subordonné au paiement préalable :
  - o d'un droit d'adhésion payable en une fois lors de l'inscription, fixé librement et ne pouvant excéder 25 % de la contribution annuelle réglementairement arrêtée ;
  - o d'une contribution annuelle dont le montant ne peut excéder :
- 250 000 F CFA pour les contribuables du régime de base ;
- 400 000 F CFA pour les contribuables du régime simplifié d'imposition et du régime du réel normal.[75]
- Les CGA fournissent aux entreprises adhérentes un ensemble de prestations couvrant au moins ce qui suit :

---

[75] Cahier des charges des CGA, art. 9 al. 1 et 2.

- la réalisation d'un examen de cohérence et de vraisemblance des opérations déclarées par l'entreprise, en vue de s'assurer de leur conformité à la réalité ainsi qu'à la réalité de son secteur d'activité ;
- la tenue de la comptabilité des adhérents ;
- le suivi des indicateurs de gestion et l'observation des difficultés économiques et financières de l'entreprise et la mise à sa disposition d'une analyse annuelle de sa situation économique et financière dégageant les forces et les faiblesses de celle-ci ainsi que les voies de sa consolidation ;
- l'organisation au profit des adhérents des séances de formation en matière de gestion, de fiscalité, de comptabilité, d'informatique et tout autre domaine commercial.[76]

- Le CGA doit respecter les règles de travail suivantes :
  - veiller à la qualité de ses prestations et éviter les agissements contraires à la législation en vigueur ;
  - s'engager sur les prestations demandées dans la limite de ses capacités matérielles et humaines ;
  - respecter ses engagements vis-à-vis de ses adhérents en matière de diligence, de clarté et de précision.[77]
- Le CGA doit :
  - déployer les équipements et moyens nécessaires pour l'exercice normal de son activité tels que les moyens d'organisation du travail, d'accueil et de conservation des documents ;

[76] Ibid., art. 10.
[77] Cahier des charges des CGA, art. 11.

  - signaliser le centre par une enseigne en caractères apparents en français et/ou en anglais.[78]
- Le CGA doit veiller au respect, par les professionnels de la comptabilité et de la fiscalité avec lesquels il a signé des conventions d'assistance, des diligences homologuées par leurs ordres respectifs, sans préjudice des actions effectuées par lesdits ordres.
  - Les diligences des professionnels de la fiscalité sont celles de conseil fiscal, de revue fiscale des états financiers et des déclarations fiscales de tout genre, ainsi que celles d'assistance à l'occasion des contrôles fiscaux, de recouvrement et de contentieux fiscal.
  - Les diligences des professionnels de la comptabilité sont celles de la tenue de comptabilité et de l'élaboration des états financiers, conformément au droit et système comptable de l'Organisation et l'Harmonisation du Droit des Affaires en Afrique (OHADA).[79]
- Le CGA doit communiquer à la DGI :
  - une copie de son règlement intérieur ;
  - ses statuts et toutes les modifications y afférentes ;
  - des copies des procès-verbaux de son assemblée générale ;
  - les modèles de conventions qu'il utilise ; les conventions conclues avec les professionnels de la comptabilité, de la fiscalité ou de tout autre domaine.[80]

[78] Ibid., art. 12.
[79] Ibid., art. 13.
[80] *Ibid.*, art. 14.

- Les CGA exercent leurs compétences dans les limites du centre régional des impôts dans le ressort duquel ils sont situés et agréés.[81]

5. Des sanctions aux manquements de leurs obligations par les CGA

- Les CGA doivent respecter les obligations prévues dans le cahier des charges ainsi que celles prévues par le CGI.[82]
- Nonobstant les poursuites disciplinaires ou judiciaires conformément à la législation en vigueur, le ministre des Finances peut prononcer le retrait de l'agrément accordé au CGA qui n'a pas respecté les dispositions du cahier des charges.[83]

F. La loi n° 2009/018 du 15 décembre 2009 portant loi de Finances de la République du Cameroun pour l'exercice 2010

Cette loi vient apporter deux modifications substantielles dans le décret n° 2007/0456/PM du 29 mars 2007.

- Ce décret disposait à son article 3 al. 2 que les adhérents aux CGA doivent avoir un CAHT compris entre 15 et 250 millions F CFA. Désormais, peuvent être adhérentes aux CGA, les personnes physiques ou morales, qu'elles soient au régime du réel ou pas, et réalisant un CAHT inférieur ou égal à 250 millions de F CFA. [84]
- Un relèvement de l'abattement contenu dans ledit décret à ses articles 10 et 11 al. 1. Dorénavant, les adhérents

[81] Cahier des charges des CGA, art. 15.
[82] *Ibid.*, art. 16.
[83] *Ibid.*, art. 17.
[84] Loi n° 2009/018 du 15 décembre 2009, précitée, art. 118 al. 2.

aux CGA bénéficieront d'un abattement de 25 % du bénéfice déclaré.[85]

§2. Les textes régissant les CGA de 2010 à 2020

Nous recensons dix textes concernés dans l'intervalle 2010 et 2020 : la loi n° 2010/015 du 21 décembre 2010 portant loi de Finances pour l'exercice 2011 (A) ; le décret n° 2011/1137/PM (B) ; la loi n° 2014/026 du 23 décembre 2014 portant loi de Finances pour l'exercice 2015 (C) ; la loi n° 2015/019 du 21 décembre 2015 portant loi de Finances pour l'exercice 2016 (D) ; la loi n° 2016/018 du 14 décembre 2016 portant loi de Finances pour l'exercice 2017 (E) ; l'arrêté n° 00002 /MINFI/SG/DGI du 5 janvier 2017 (F) ; la loi n° 2019/023 du 24 décembre 2019 portant loi de Finances pour l'exercice 2020 (G) **;** l'arrêté n° 00000009/MINFI/SG/DGI du 15 janvier 2020 (H) ; la circulaire n° 006/MINFI/DGI/LRI/L du 21 février 2020 (I).

A. La loi n° 2010/015 du 21 décembre 2010 portant loi de Finances de la République du Cameroun pour l'exercice 2011

Cette loi vient réviser respectivement les articles 118 et 119 de la loi n° 2009/018 du 15 décembre 2009 :

- Peuvent être adhérentes aux CGA, les personnes physiques ou morales réalisant un CAHT inférieur ou égal non plus à 250 millions F CFA, mais à 100 millions de francs CFA.
- Les adhérents aux CGA bénéficient d'un abattement de 50 % du bénéfice fiscal déclaré.

[85] *Ibid.*, art. 119 al. 1.

B. Le décret n° 2011/1137/PM du 12 mai 2011 modifiant et complétant certaines dispositions du décret n° 2000/002/PM du 6 janvier 2000 portant organisation des CGA et fixant les avantages fiscaux des adhérents des CGA et ses modificatifs subséquents

Ce décret du 12 mai 2011 vient simplement rappeler les modifications et compléments que nous avons évoqués ci-dessus au niveau des articles 2, 3, 10 et 13 du décret 2000/002/PM.

C. La loi n° 2014/026 du 23 décembre 2014 portant loi de Finances de la République du Cameroun pour l'exercice 2015

- Avant 2015, toutes les entreprises nouvellement créées bénéficiaient d'une exonération de deux ans à la contribution de patente. L'institution de cette nouvelle loi accordait désormais ce privilège uniquement aux entreprises adhérentes des CGA et celles non adhérentes avaient juste une année d'exonération.[86] Soulignons que cette mesure provient de l'une des recommandations utiles à l'amélioration de l'attractivité des CGA issue de l'étude en vue d'identifier les obstacles au développement desdits centres, étude prescrite par la décision n° 000154/MINFI/DGI du 5 mars 2014.

D. La loi n° 2015/019 du 21 décembre 2015 portant loi de Finances de la République du Cameroun pour l'exercice 2016

Dans la même lancée, d'autres recommandations provenant de l'étude évoquée précédemment ont été prises à partir de 2016. Les adhérents de CGA ont toujours été les

[86] Loi n° 2014/026 du 23 décembre 2014, précitée, art. C 12 al. 1 et 3.

seuls à bénéficier des avantages fiscaux (1). C'est à compter de 2016 que les promoteurs en ont eu également droit (2).

1. Des avantages des adhérents

- Les droits d'adhésion aux CGA sont désormais réduits et fixés dans une fourchette allant de 25 000 F CFA à 50 000 F CFA par an.
- Réduction des cotisations annuelles qui sont désormais comprises dans les fourchettes suivantes :
  - 50 000 F CFA à 150 000 F CFA par an pour les contribuables du régime simplifié ;
  - 50 000 F CFA à 250 000 F CFA par an pour les contribuables du régime du réel.[87]
- Dispense de contrôles fiscaux sur place pour la période non prescrite pour toute adhésion effectuée avant le 31 décembre 2016.[88]
- Application des pénalités de bonne foi pour les contrôles fiscaux couvrant la période postérieure à l'adhésion au CGA.[89]
- Les prestations de services facturées par les promoteurs aux adhérents des CGA sont désormais exonérées de la TVA.[90]

---

[87] Loi n° 2015/019 du 21 décembre 2015, précitée, art. 118 al. 3 et 4.

[88] La circulaire n° 004/MINFI/DGI/LRI/L du 24 février 2016 précisant les modalités d'application des dispositions fiscales de la loi n° 2015/019 du 21 décembre 2015 portant loi de Finances de la République du Cameroun pour l'exercice 2016 souligne que la dispense couvre toutes les formes de contrôle sur place, notamment les vérifications de comptabilité et les contrôles ponctuels, à l'exception des contrôles de validation des crédits de TVA.

[89] La circulaire n° 004/MINFI/DGI/LRI/L du 24 février 2016 précitée ajoute que les pénalités de bonne foi sont à 30 %.

[90] Loi n° 2015/019 du 21 décembre 2015, précitée, art. 128 al. 20. La circulaire n° 004/MINFI/DGI/LRI/L du 24 février 2016 précitée

Soulignons qu'un avantage exceptionnel est accordé aux distributeurs de boissons relevant de l'impôt libératoire et du régime simplifié d'imposition concernant l'abattement de 50 % du bénéfice fiscal déclaré. Étant donné que le système de rétribution est essentiellement basé sur les ristournes et autres commissions, l'abattement de 50 % est exceptionnellement appliqué sur la base du précompte sur achats effectués par ces derniers et impacte les minima de perception correspondants.[91]

Nous pouvons expliquer l'octroi de cet avantage par le fait que la loi de Finances pour l'exercice 2016 avait également relevé le taux du Précompte sur Achats (PSA) de 3 % à 5 % pour les contribuables relevant du régime de l'impôt libératoire et du régime simplifié d'imposition. Le directeur général de la SABC le confirme dans un magazine où il déclare : « Pour protéger les intérêts des clients, une mesure exceptionnelle a été prise en faveur des distributeurs de boissons appartenant aux régimes suscités, répertoriés dans le fichier[92] des contribuables de la Direction générale

---

indique que cette exonération s'applique aussi bien aux droits d'adhésion, aux cotisations annuelles qu'aux autres prestations connexes non comprises dans les diligences liées à l'adhésion aux CGA.

[91] Circulaire n° 004/MINFI/DGI/LRI/L du 24 février 2016, précitée.

[92] https://www.impots.cm/fr/fichier-des-contribuables-non - professionnel, consulté le 21 novembre 2019. Ce site précise que le fichier des contribuables ou fichier actif de la DGI est constitué de l'ensemble des contribuables relevant des structures opérationnelles et qui accomplissent régulièrement leurs obligations déclaratives. En d'autres termes, le fichier des contribuables de la DGI comprend toutes les personnes physiques (commerçants, salariés, pensionnés, dirigeants de sociétés…) et morales (de droit public et de droit privé) domiciliées au Cameroun exerçant une activité soumise à l'impôt ou pas, et enregistrées auprès des centres des impôts. Cependant, le statut de contribuable actif n'est pas définitif. En effet, au bout de trois défaillances déclaratives, le contribuable défaillant est sorti du fichier. Il convient de préciser qu'il s'agit bien de défaillances déclaratives et

des Impôts et inscrits dans un CGA, à savoir l'abattement de 50 % sur leur PSA. »[93]

2. Une mesure avantageuse pour les promoteurs de CGA

Les promoteurs des CGA justifiant d'au moins 100 adhérents actifs bénéficient d'un abattement de 50 % de l'impôt sur les sociétés ou de l'impôt sur le revenu des personnes physiques pour la part de leurs revenus tirés des activités des CGA sans que l'impôt dû soit inférieur au minimum de perception prévu par le CGI. Ils doivent par conséquent tenir une comptabilité distincte.[94]

E. La loi n° 2016/018 du 14 décembre 2016 portant loi de Finances de la République du Cameroun pour l'exercice 2017

Les mesures pour l'exercice 2017 ont concerné d'une part les adhérents (1) et d'autre part les promoteurs de CGA (2).

---

non de paiement. Autrement dit, le défaut de paiement n'expose pas le contribuable défaillant à la sortie du fichier, mais à d'autres sanctions fiscales. La liste des contribuables est consultable dans l'application FISCALIS à l'adresse http://fiscalis.dgi.cm/. Dans cette application, la rubrique « Adhérents des CGA » concerne juste les CGA et leurs adhérents.

[93] Hervé NANA, « Les clients répertoriés dans le fichier de la DGI et inscrits aux CGA percevront la totalité de leurs rétrocessions », La voix du barman, n° 26, mars 2017, p. 7.

[94] La circulaire n° 004/MINFI/DGI/LRI/L du 24 février 2016 précitée précise que ces bénéfices sont constitués des frais d'adhésion, des cotisations annuelles et autres rémunérations des prestations diverses rendues aux adhérents, non couverts par les droits d'adhésion.

1. Les mesures fiscales concernant les adhérents de CGA

Jusqu'ici réservée aux distributeurs de boissons du régime de l'impôt libératoire et du régime simplifié d'imposition, la loi de Finances pour l'exercice 2017 étend l'abattement de 50 % sur la base de calcul des précomptes sur achats des distributeurs, lorsque ces achats sont effectués auprès de certaines grandes entreprises dont la liste est fixée par arrêté du ministre chargé des Finances. Le précompte acquitté dans ce cas constitue le minimum de perception prévu par le CGI.[95]

2. Les mesures fiscales concernant les promoteurs de CGA

Il y a eu trois innovations, notamment :

- l'exemption des charges fiscales et patronales sur les salaires versés aux personnels employés des CGA pour les promoteurs des CGA justifiant d'au moins 100 adhérents actifs[96] ;
- la tenue d'une comptabilité distincte facultative ;

---

[95] Loi n° 2016/018 du 14 décembre 2016 portant loi de Finances de la République du Cameroun pour l'exercice 2017, art. 119 al. 1.

[96] La circulaire n° 001/MINFI/DGI/LRI/du 12 janvier 2017 précitée souligne que cette exemption a pour but de réduire les frais de fonctionnement des CGA, s'applique aux salaires versés à partir du 1er janvier 2017 et n'est pas subordonnée aux conditions fixées dans le cadre du régime fiscal de l'emploi jeune. Cette circulaire précise que les charges sociales qui concourent à la protection sociale du salarié demeurent dues et doivent être reversées. Cependant, les charges fiscales et patronales s'entendent de :

- l'impôt sur le Revenu des Personnes physiques ;
- la contribution au Crédit foncier (part patronale et salariale) ;
- la contribution au Fonds national de l'Emploi ;
- la Redevance audiovisuelle ;
- la taxe de développement local.

- l'obligation d'annexer à leurs déclarations mensuelles, la liste à jour de leurs adhérents.[97]

F. L'arrêté n° 00002/MINFI/SG/DGI du 5 janvier 2017 fixant la liste des grandes entreprises habilitées à appliquer un abattement de 50 % sur la base de calcul du précompte sur achats de leurs distributeurs adhérant aux CGA

En application des dispositions de l'article 119 (1) de la loi n° 2016/018 du 14 décembre 2016 citée précédemment, cet arrêté vient apporter plus de précisions sur cet abattement, mais surtout donner les noms des entreprises habilitées à appliquer cette réduction :

- Les déclarations annuelles des contribuables qui ont prélevé les précomptes sur achats dans les conditions ci-dessus doivent obligatoirement indiquer en annexe la liste récapitulative de leurs clients adhérents des CGA avec précision du montant du précompte par client ainsi que son CGA de rattachement.
- L'habilitation à procéder à l'abattement de 50 % sur la base de calcul du précompte sur achats des distributeurs adhérant aux CGA peut être suspendue ou accordée provisoirement par le DGI en cours d'exercice.
- Bien que la SABC soit à l'origine de cette réduction, d'autres entreprises privées sont aussi autorisées à appliquer l'abattement de 50 % sur la base du précompte sur achats de leurs distributeurs adhérant à un CGA comme nous pouvons le voir ci-dessous.

[97] Loi n° 2016/018 du 14 décembre 2016, précitée, art. 119 al. 3 et 4.

Tableau 1 : Liste des grandes entreprises habilitées à appliquer un abattement de 50 % sur la base de calcul du précompte sur achats de leurs distributeurs adhérant aux CGA communiqué par le MINFI en 2017

N°	RAISON SOCIALE	SIGLE	BP	LOCALISATION
1.	BOISSONS, VINS ET SPIRITUEUX	BVS SAS	4 036	DOUALA
2.	GUINNESS CAMEROUN	GUINNESS CAMEROUN	8 149	DOUALA
3.	NABCO BEVERAGE COMPANY SA	NABCO	17355	DOUALA
4.	SOCIÉTÉ ANONYME DES BRASSERIES DU CAMEROUN	SABC	4 036	DOUALA
5.	SOCIÉTÉ CAMEROUNAISE DE FERMENTATION SA	FERMENCAM	13 234	DOUALA
6.	SOCIÉTÉ DE FABRICATION DES VINS DU CAMEROUN	SOFAVINC	13 594	YAOUNDÉ
7.	SOURCE DU PAYS SA	SOURCE DU PAYS	84	MUYUKA
8.	UNION CAMEROUNAISE DES BRASSERIES	UCB	638	DOUALA

G. La loi n° 2019/023 du 24 décembre 2019 portant loi de Finances de la République du Cameroun pour l'exercice 2020

Avant l'entrée en vigueur de la loi de Finances 2020, seules certaines grandes entreprises étaient habilitées à appliquer l'abattement mentionné dans l'arrêté n° 00002/MINFI/SG/DGI du 5 janvier 2017. Le Gouvernement s'étant rendu compte des limites de cet arrêté a procédé à un réajustement dans le but de réparer l'injustice qui régnait.

En effet, pour mieux cerner les limites liées à cet abattement de 50 % sur le précompte sur achats, nous avons contacté cinq grandes entreprises habilitées[98] à effectuer ledit abattement. Mais une seule nous a répondu : il s'agit de GUINNESS Cameroun. Le *Tax specialist* de cette multinationale nous a révélé qu'il est prévu dans leur *business model* que les livraisons de marchandises se fassent uniquement auprès de grossistes. Il se trouve que ceux-ci réalisent un chiffre d'affaires supérieur à 100 millions F CFA. Cela ne leur permet pas d'adhérer aux CGA. Il a précisé que contrairement à ce que les gens pensent, les camions de livraison *brandés* GUINNESS Cameroun auprès des détaillants ne leur appartiennent pas. Il a dit que ces véhicules sont la propriété de leurs grossistes. Par conséquent, leurs détaillants n'avaient pas la possibilité de bénéficier de l'abattement de 50 % du précompte sur achats puisque les grossistes de GUINNESS ne figuraient pas dans la liste des entreprises habilitées à opérer cet abattement. Dans ces conditions, les détaillants privilégiaient les fournisseurs qui leur octroyaient un abattement de 50 % du précompte sur achats ; ce qui constituait une injustice pour les produits GUINNESS Cameroun.

En outre, selon le site d'information « Investir au Cameroun », les actifs de la société NABCO ont été rachetés au cours de l'année 2017 par SOURCE DU

[98] Voir tableau n° 1.

PAYS.[99] Or, la signature par le MINFI de l'arrêté fixant la liste des grandes entreprises autorisées à appliquer cet abattement de 50 % a été faite le 5 janvier 2017. Cela veut dire qu'en réalité, pendant près de trois ans, deux sur huit entreprises qui figuraient sur cette liste n'ont pas usé de leurs droits, notamment GUINNESS Cameroun et NABCO. Cela était simplement un gâchis lorsqu'on sait que cela aurait été une aubaine pour d'autres, notamment les grossistes réalisant un chiffre d'affaires inférieur ou égal à 100 millions F CFA. Ceux-ci ont pourtant le droit de prélever les précomptes sur achats,[100] mais n'avaient pas le droit d'opérer un abattement de 50 % jusqu'au 31 décembre 2019. C'est probablement fort de ce constat que la loi de Finances pour l'exercice 2020 vient corriger dans une moindre mesure cette injustice en indiquant que les distributeurs qui ont adhéré aux CGA bénéficient d'un abattement de 50 % sur la base de calcul du précompte sur leurs achats, lorsque ces achats sont effectués auprès des producteurs ou des distributeurs grossistes dont la liste est fixée par l'arrêté du ministre chargé des Finances[101].

---

[99] https://www.investiraucameroun.com/entreprises/1808-9261-grace-au-rachat-des-actifs-de-nabco-source-du-pays-controle-desormais-58-du-marche-des-eaux-minerales-au-cameroun, consulté le 08/02/2020.
[100] CGI éditions 2020, art. 21 al. 3.
[101] Loi n° 2019/023 du 24 décembre 2019 portant loi de Finances de la République du Cameroun pour l'exercice 2020, art. 119 al 1.

H. L'arrêté n° 00000009/MINFI/SG/DGI du 15 janvier 2020 modifiant et complétant l'arrêté n° 00002/MINFI/SG/DGI du 5 janvier 2017 fixant la liste des entreprises autorisées à appliquer l'abattement de 50 % sur la base du calcul du précompte sur achats effectués par les détaillants adhérents des CGA auprès des grossistes et distributeurs des entreprises brassicoles

Le titre de cet arrêté précise clairement que c'est le secteur brassicole qui est concerné. Le précédent arrêté était intitulé : « arrêté n° 00002/MINFI/SG/DGI du 5 janvier 2017 fixant la liste des grandes entreprises habilitées à appliquer un abattement de 50 % sur la base de calcul du précompte sur achats de leurs distributeurs adhérant aux CGA » et non « arrêté n° 00002/MINFI/SG/DGI du 5 janvier 2017 fixant la liste des grandes entreprises habilitées à appliquer un abattement de 50 % sur la base de calcul du précompte sur achats de leurs distributeurs brassicoles adhérant aux CGA ». Cet intitulé donnait le droit aux entreprises des autres secteurs de revendiquer légitimement leur appartenance à la liste qui y figurait.

Cet arrêté apporte aussi d'autres précisions, notamment :

- Pour bénéficier de l'abattement de 50 % sur le précompte sur achats, un distributeur de boissons devra au préalable apporter la preuve[102] de son adhésion à un CGA à travers son appartenance au fichier des adhérents publié sur le site web de la DGI.

---

[102] Arrêté n° 00000009/MINFI/SG/DGI du 15 janvier 2020 modifiant et complétant l'arrêté n° 00002/MINFI/SG/DGI du 5 janvier 2017 fixant la liste des entreprises autorisées à appliquer l'abattement de 50 % sur la base du calcul du précompte sur achats effectués par les détaillants adhérents des CGA auprès des grossistes et distributeurs des entreprises brassicoles, art. 2.

- Les déclarations annuelles de contribuables qui ont prélevé les précomptes sur achats dans les conditions ci-dessus doivent obligatoirement indiquer en annexe la liste récapitulative de leurs clients adhérents des CGA avec précision du montant du précompte par client ainsi que son CGA de rattachement[103].
- Les entreprises de production doivent communiquer au plus tard le 15 du mois suivant la fin de chaque trimestre, le listing des opérations réalisées avec leurs distributeurs habilités à appliquer l'abattement[104].
- La mise à jour de la liste des distributeurs grossistes est effectuée par le DGI par simple lettre après communication à l'Administration par les entreprises productrices des noms des nouveaux distributeurs[105].

Comme on peut le voir ci-dessous, cet arrêté permet d'avoir les noms actualisés des entreprises productrices habilitées à appliquer l'abattement de 50 % sur la base du précompte sur achats de leurs distributeurs adhérant aux CGA dans le tableau n° 2, ainsi que les noms des distributeurs grossistes de la SABC, de GUINNESS Cameroun, de UCB et BVS habilités à appliquer aussi ledit abattement. Tout cela est contenu dans les tableaux n° 3, n° 4, n° 5 et n° 6.

---

[103] Arrêté n° 00000009/MINFI/SG/DGI du 15 janvier 2020, précité, art. 3 al. 1.

[104] *Ibid.*, art. 3 al. 2.

[105] *Ibid.*, art. 4.

Tableau 2 : Liste des entreprises productrices habilitées à appliquer l'abattement de 50 % sur la base du précompte sur achats de leurs distributeurs adhérant aux CGA (2020)

N°	RAISON SOCIALE	SIGLE	BP	LOCALISATION
1.	**BOISSONS, VINS**	BVS SAS	4036	DOUALA
2.	**GUINNESS**	GUINNESS	8149	DOUALA
3.	**SOCIÉTÉ ANONYME DES**	SABC	4036	DOUALA
4.	**SOCIÉTÉ CAMEROUNAISE DE FERMENTATION SA**	FERMENCAM	13234	DOUALA
5.	**SOCIÉTÉ DE FABRICATION DES VINS DU CAMEROUN**	SOFAVINC	13594	YAOUNDÉ
6.	**SOURCE DU PAYS SA**	SOURCE DU PAYS	84	MUYUKA
7.	**UNION CAMEROUNAISE DES BRASSERIES**	UCB	638	DOUALA

Source : MINFI

Comme nous pouvons le remarquer, les mêmes grandes entreprises productrices qui figuraient sur la liste de 2017 apparaissent à nouveau à l'exception de la société NABCO.

LISTE DES DISTRIBUTEURS GROSSISTES HABILITÉS À APPLIQUER L'ABATTEMENT DE 50 % DE LA BASE DE CALCUL DU PRÉCOMPTE SUR ACHATS

Tableau 3 : Liste des distributeurs de la Société anonyme des Brasseries du Cameroun (SABC)

N°	NOM DES DISTRIBUTEURS	NIU	CENTRES DE RATTACHEMENT
1	TURBO DISTRIBUTION CENTER SARL	M120100013403Z	CIME YAOUNDE EST
2	TURBO DISTRIBUTION CENTER SARL 2	M120100013403Z	CIME YAOUNDE EST
3	DIGEL SARL	M081812716355U	CIME YAOUNDE EST
4	FRANCKLIN DISTRIBUTION SARL	M071812716224F	CIME YAOUNDE EST
5	DOMI SARL	M120600021516D	CIME YAOUNDE EST
6	DEFOUFOU SARL DISTRIBUTION	M081812717724C	CIME YAOUNDE EST
8	METRO DISTRIBUTION SARL	M010300015044L	CIME YAOUNDE EST
9	KJ SARL	M021912750131P	CIME YAOUNDE EST
10	TCHANI Sarl	M031912753467W	CIME YAOUNDE EST
11	ETS EST ET FRERES SARL	M011712600810P	CIME YAOUNDE EST
12	BONAS SARL	M071812716175G	CIME YAOUNDE EST
13	ESPOIR DISTRIBUTION SERVICES	M110500019756J	CIME YAOUNDE EST
14	ETS AZOR	P108100435323P	CIME YAOUNDE OUEST
15	DOM'S & FILS DISTRIBUTIONS SARL	M031912754478W	CIME YAOUNDE OUEST
16	BKOUASS DISTRIBUTION SARL	M071812717796Z	CIME YAOUNDE EST
17	STE PRETTY WOMAN SARL (SOPREWO)	M080100012485E	CIME YAOUNDE EST
18	FOE ANDRE	P126300315424T	CIME YAOUNDE EST
19	BIENTINO SARL	M031912755353X	CIME YAOUNDE OUEST
20	BKD ET FILS SARL	M031912752045Z	CIME YAOUNDE OUEST

21	T.GUIMOL SARL	M021912751356S	CIME YAOUNDE EST
22	BOUL SARL	M081812716357X	CIME YAOUNDE EST
23	ETS LE DEBROUILLARD (TEKEM)	P047000118165G	CIME YAOUNDE EST
24	MANTIO SIMO ANNETTE	P068300478475K	CIME CENTRE-EXTERIEUR
25	GUEM'S DISTRIBUTION CENTER SARL	M081812717713Z	CIME YAOUNDE EST
26	TCHINDA & SOINS DISTRIBUTION SARL	M081812716351Q	CIME YAOUNDE EST
27	DAKO SARL	M031912752047B	CIME YAOUNDE EST
28	TENKEU ET FILS SARL	M021912751757M	CIME YAOUNDE EST
29	OMB'S SARL	M071812716205C	CIME YAOUNDE EST
30	ONE SARL	M041913956500T	CIME YAOUNDE OUEST
31	MASTER FOODS SARL	M021612502314R	CIME YAOUNDE EST
32	MASTER FOODS SARL	M021612502314R	CIME YAOUNDE EST
33	LA CHOPE SARL	M101000033721E	CIME YAOUNDE EST
34	SODIBOIS SARL	M121712658155G	CIME YAOUNDE EST
35	SOCIETE D'IMPORTATION DES PRODUITS ALIMENTAIRES (SIDPA SARL)	M111712668382U	CIME YAOUNDE OUEST
36	WORLD DISTRIBUT° SERVICES SARL	M100300016452X	DGE
37	SOPREWO SARL	M080100012485E	CIME YAOUNDE EST
38	ABEN'S DISTRIBUTION SARL	M071812716190F	CIME YAOUNDE EST
39	ANGAGE DISTRIBUTION SARL	M071812716231E	CIME YAOUNDE EST
40	STE ANONYME PLASTBIO INTERNATIONAL	M031612518510T	CIME YAOUNDE EST
41	PEMIAF DISTRIBUTION SARL	M071812716341S	CIME YAOUNDE EST
42	ONGANDJI ET FILS SARL	M071812716184H	CIME YAOUNDE EST
43	LAMAB DISTRIBUTION SARL	M071812717795Y	CIME YAOUNDE EST
44	NYANGA SARL	M021912751753H	CIME YAOUNDE OUEST
45	PEREY SARL	M021912751238E	CIME YAOUNDE EST
46	SAM & JANE DISTRIBUTIONS SARL	M021912752210N	CIME YAOUNDE EST
47	DK SARL	M031912755034L	CIME YAOUNDE OUEST
48	RAMSES DISTRIBUTION SARL	M031912754476T	CIME YAOUNDE OUEST
49	MBA NDJIAN SARL	M081812719735Z	CIME YAOUNDE OUEST
50	DAGO SARL	M031912752046A	CIME YAOUNDE EST
51	LORAMA SARL	M031912753726T	CIME YAOUNDE OUEST
52	GREAT BELL SARL	M031912753727U	CIME YAOUNDE EST
53	SHEKINA SARL	M071812716219J	CIME YAOUNDE EST
54	3K SARL	M031912756325P	CIME YAOUNDE EST

55	DJOFEUH SARL	M031912756323M	CIME YAOUNDE EST
56	NDES & SON DISTRIBUTION SARL	M031912752373L	CIME YAOUNDE EST
57	SOPREWO SARL (Eséka)	M080100012485E	CIME YAOUNDE EST
58	FOMO ET FILS SARL	M081812718713W	CIME YAOUNDE EST
59	CENTRE DISTRIBUT. BOISSON & SCES SARL	M081812719379T	CIME YAOUNDE EST
60	MALATA MOUKO OLIVE	P037700176477T	CIME CENTRE-EXTERIEUR
61	MOUDASSI EPSE NKOGO	P026400347108J	CIME KRIBI
62	YONGA ET FILS SARL	M031912755351U	CIME CENTRE- EXTERIEUR
63	SOCIETE CELESTIN MIBE ET COMPAGNIE (CEMICO)	M060512338986U	CIME KRIBI
64	SOCIETE DE DISTRIBUTION DES BOISSONS (SODIBOIS NOUKUIMI)	M129900019708B	CIME KRIBI
65	TG DISTRIBUTION SARL	M031912752323A	CIME KRIBI
66	STE ONDOA NGAH DISTRIBUTION SARL U	M041912771128A	CIME KRIBI
67	LASER DISTRIBUTION SARL	M081812717529L	CIME YAOUNDE EST
68	STE LA PRINTANIERE	M111412174259L	CIME CENTRE- EXTERIEUR
69	STE DES ETS ESSIMI MON FRERE	M040400042352L	CIME CENTRE- EXTERIEUR
70	SOCIETE MOUKO AGABASSA SARL	M021400048787U	CIME CENTRE- EXTERIEUR
71	KOFANA CHARLES	P025600056793Y	CIME CENTRE- EXTERIEUR
72	AWONGO ETIENNE	P085912657238S	CIME CENTRE- EXTERIEUR
73	AMAN DISTRIBUTION SARL	M121812731399J	CIME YAOUNDE OUEST
74	MATONGO DISTRIBUTION SARL	M021912749349J	CIME YAOUNDE EST
75	C'MABLESS SARL	M071913913986Y	CIME CENTRE- EXTERIEUR
76	ASS & MESS SARL	M071913925458R	CIME CENTRE- EXTERIEUR
77	DEM SARL	M071913913993X	CIME CENTRE- EXTERIEUR
78	DISTRIBUTION TOUS AZIMUTS SARL	M119400002562G	CIME CENTRE- EXTERIEUR
79	STE BEN BENJO	M081812717840N	CIME BERTOUA
80	STE KYH DISTRIBUTIONS	M031912751769M	CIME BERTOUA
81	STE BRYAN & MIGUEL	M051912784367Z	CIME YAOUNDE EST
82	STE CONCORDIA	M081812717832N	CIME BERTOUA
83	STE SA'ADA	M081812717836S	CIME BERTOUA
84	STE NDZ DISTRIBUTIONS	M081812717844S	CIME BERTOUA
85	STE MOLO & FRERES	M081812717851R	CIME BERTOUA
86	STE BRASS DISTRIBUTIONS	M081812717848X	CIME BERTOUA

87	DIVINES DESS SARL	P078112246072N	CIME CENTRE EXTERIEUR
88	STE KAGOM	M021912751639Z	CIME BERTOUA
89	ETS UNIVERSEL	M110300017285C	CIME BERTOUA
90	LA GENERALE D'AYOS	M080000011862Z	CIME CENTRE EXTERIEUR
91	ETS DECONKA	P127300188772Q	CIME BERTOUA
92	ETS NZALLI	M111612581286R	CIME BERTOUA
93	ETS KDA	P038012468177Y	CIME BERTOUA
94	STE SECOMI SARL	M011712585822S	CIME DOUALA AKWA 1
95	STE HORIZON DISTRIBUTION SCES	M061100038016S	CIME LITTORAL- EXTERIEUR
96	STE JM DISTRIBUTION SARL	M121300048483E	CIME DOUALA AKWA 2
97	STE FOKA DISTRIBUTION	M101412151028D	CIME DOUALA AKWA 1
98	WINES AND MORE	M021200040356F	CIME DOUALA BONANJO
99	TROI FOI RIEN	M041200041673C	CIME DOUALA AKWA 1
100	DOVV DISTRIBUTIONS	M060300015417E	DGE
101	STE CAMEROUNÂ DES VENDEURS SARL(DEIDO)	M111612578526E	CIME DOUALA AKWA 1
102	STE CAMEROUNÂ DES VENDEURS SARL(NEW BELL)	M111612578526E	CIME DOUALA AKWA 1
103	STE ESPACE ROYAL SARL	M071000032599N	CIME DOUALA AKWA 1
104	GECIN SARL	M110300039040C	DGE
105	ABENA BASILE CHIMENE SARL	M081812717549Q	CIME DOUALA AKWA 2
106	ALL BUSINESS SUPPLIER SARL	M081812717554M	CIME DOUALA EXTERIEUR
107	TADJOU DISTRIBUTION SARL	M081812718158U	CIME DOUALA EXTERIEUR
108	NJO'O DISTRIBUTION SARL	M081812717550H	CIME DOUALA AKWA 1
109	KOPS MONDE DISTRIBUTION SARL	M011912734499S	CIME LITTORAL EXTERIEUR
110	DESSAP DISTRIBUTION SARL	M081812718905S	CIME DOUALA EXTERIEUR
111	KOUOTANG MOTSEBO SERVICES SARL	M081812719482Z	CIME DOUALA AKWA 2
112	TSANANG DISTRIBUTION SARL	M111812730869P	CIME DOUALA AKWA 2
113	KENDJE TCHOUANYEP JANGUE DISTRIBUTION	M081812720042K	CIME DOUALAAKWA 2
114	LEMO DISTRIBUTION SARL	M111812729869B	CIME DOUALA BONANJO
115	FIRST STEP DISTRIBUTION SARL	M111812730025P	CIME DOUALA AKWA 1
116	SOCIETE COMMERCIALE POUR DISTRIBUTION (SOCODISS)	M081812719484B	CIME LITTORAL- EXTERIEUR
118	MERVEILLE DISTRIBUTION SARL	M111812729004W	CIME DOUALA AKWA 2

119	NJI DISTRIBUTION SARL	M091812722424Q	CIME DOUALA AKWA 2
120	WANKO DISTRIBUTION SARL	M111812730145E	CIME DOUALA AKWA 2
121	TOMSHI DISTRIBUTION & SERVICES SARL	M081812719485C	CIME DOUALA AKWA 2
122	GRACE DISTRIBUTION &AMENAGEMENT SARL	M081812720041J	CIME DOUALA BONANJO
123	BALESSING DISTRIBUTION SARLB.D	M081812717548P	CIME DOUALA BONANJO
124	GLOBAL BUSINESS DISTRIBUTION SARL	M081812718157T	CIME DOUALA AKWA 1
125	TODJOM DISTRIBUTION SARL	M081812717547N	CIME LITTORAL EXTERIEUR
126	BANDJA DISTRIBUTION SARL	M121812732231Y	CIME LITTORAL EXTERIEUR
127	DAH-KEN SARL	M090100012890Q	CIME DOUALA AKWA 2
128	GECIN SARL	M110300039040C	DGE
129	STE ESPACE ROYAL SARL	M071000032599N	CIME DOUALA AKWA 1
130	ETS DISTRIBUTION CLASSIQUE	P035612523855R	CIME DOUALA AKWA
131	STE LYMA	M011400048659J	CIME DOUALA AKWA 2
132	ETS HEMLE	P056412629123W	CIME DOUALA AKWA 2
133	DOVV SARL	M060300015417E	DGE
134	LA FAMILIALE	P088700471084K	CIME DOUALA AKWA 2
135	GK DISTRIBUTION	M081812719219U	CIME DOUALA AKWA 2
136	FIRST DISTRIBUTION SARL	M081812719201J	CIME DOUALA AKWA 1
137	TALEL DISTRIBUTION SARL	M091812728139W	CIME DOUALA AKWA 2
138	SANDA DISTRIBUTION SARL	M081812720844Z	CIME DOUALA AKWA 2
139	PAT DISTRIBUTION SARL	M121812732834R	CIME DOUALA AKWA 2
140	ATF DISTRIBUTION SARL	M081812719214P	CIME DOUALA AKWA 2
141	DREAM TEAM DISTRIBUTION	M081812719888Z	CIME DOUALA AKWA 2
142	AD DISTRIBUTION SARL	M091812721407S	CIME DOUALA AKWA 2
143	E2F DISTRIBUTION SARL	M081812719886X	CIME DOUALA AKWA 2
144	KAM DISTRIBUTION SARL	M081812719208R	CIME DOUALA BONANJO
145	FAJOTIND SARL	M081812719227U	CIME DOUALA AKWA 2
146	BMD DISTRIBUTION SARL	M081812719204M	CIME DOUALA AKWA 2
147	PROFOGER SARL	M081812719889A	CIME DOUALA AKWA 2
148	TLG SARL	M091812721298R	CIME DOUALA AKWA 2
149	TIM'S DISTRIBUTION	M081812718890W	CIME DOUALA AKWA 2
150	T&W GLOBAL DISTRIBUTION SARL	M081812719212M	CIME DOUALA BONANJO
151	GOLD COMPANY SARL	M081812719223Q	CIME DOUALA AKWA 2
152	YOUM'S DISTRIBUTION SARL	M081812719440N	CIME DOUALA AKWA 2
155	ETS. NGUIFO JEAN	P066600313263L	CIME LITTORAL EXTERIEUR
157	ETS. PEGAGA CHRISTOPHE	P097700413214P	CIME LITTORAL EXTERIEUR
159	ATOH JEREMIAH	P015912491168N	CIME LITTORAL EXTERIEUR

160	STE VISION DISTRIBUTION SARL	M091412151467Z	CIME LITTORAL EXTERIEUR
161	ETS ETML	P016911646617H	CIME LITTORAL EXTERIEUR
162	SIMO SARL	M020700024075E	CIME LITTORAL EXTERIEUR
163	STE KRIBIENNE DE DISTRIBUT° DE BOISSONS	M101812731088G	CIME KRIBI
164	MOSAÏQUES	M021512262239W	CIME KRIBI
165	BONNUS SARL	M101812724496G	CIME KRIBI
166	MIGUEL	M101812728079Z	CIME KRIBI
167	FLORA	M101812724501S	CIME KRIBI
168	STE KISIDO	M091812723308B	CIME LITTORAL EXTERIEUR
169	STE SAFAB	M091812723310U	CIME LITTORAL EXTERIEUR
170	STE HASA	M091812724014N	CIME LITTORAL EXTERIEUR
171	STE PEMSA	M041912783497Z	CIME LITTORAL EXTERIEUR
172	STE PRAISES	M041912783495X	CIME LITTORAL EXTERIEUR
173	HAPPICAM	M121100039184X	CIME LIMBE
174	COUNTRY MAN	M030600020262K	CIME LIMBE
175	FONKBLAND	M011200041121Y	CIME LIMBE
176	ETS KUETE TCHINDA MARTIN	P067200181064J	CIME BAFOUSSAM
177	STE TSAPO SARL	M010700023084N	CIME BAFOUSSAM
178	STE VIE TRANQUILLE	M081100039561Q	CIME BAFOUSSAM
179	SOCIETE FO.SI SARL	M081812717767P	CIME BAFOUSSAM
180	SOCIETE FOPA SARL	M081712718778U	CIME BAFOUSSAM
181	KTS SARL	M081812717764L	CIME BAFOUSSAM
182	SOCIETE LACMAGO ET FILS SARL	M021912751518H	CIME BAFOUSSAM
183	SOCIETE MW DISTRIBUTION SERVICE SARL	M091812722310Y	CIME BAFOUSSAM
184	SOCIETE FERME FAMILIALE SARL	M011100034685G	CIME BAFOUSSAM
185	SOCIETE PRESS-COM SARL	M051000037234E	CIME LIMBE
186	SOCIETE NOUVELLE DE DISTRIBUTION	M040500018855S	DGE
187	NANA TEMEZE FRANCIS	P109000543831W	CIME BAFOUSSAM
188	SOCIETE KOMGUEP JEAN MICHEL SARL	M081812717388B	CIME BAFOUSSAM
189	SOCIETE FOMO SARL	M081812717508F	CIME BAFOUSSAM
190	SOCIETE MEGUIA DISTRIBUTION COMPANY	M081812717503A	CIME BAFOUSSAM
192	FANS COMPANY LIMITED	M010300016284N	CIME BAFOUSSAM
193	SOCIETE G.K DISTRIBUTION SARL	M081812718781J	CIME BAFOUSSAM
194	SOCIETE FOLEO SARL	M081812718773J	CIME BAFOUSSAM

195	FOZAO & SONS CO.LTD	M031912755560S	CIME BAFOUSSAM
196	SOCIETE WANTECE SARL	M031912754591D	CIME BAFOUSSAM
197	SOEDI SARL (STE ECLAIR DISTRIB SARL)	M120900031714Q	CIME BAFOUSSAM
198	SOCIETE BOICAM DISTRIBUTION SARL	M111100038925E	CIME BAFOUSSAM
199	SOCIETE DE DISTRIBUTION & DE SERVICE SUARL	M091812720342N	CIME DSCHANG
200	DOVV DISTRIBUTION SARL	M060300015417E	DGE YAOUNDE
201	SOTRACODIM	M080200013861F	DGE YAOUNDE
202	SOCIETE TK DISTRIBUTION SARL	M081812717314G	CIME BAFOUSSAM
203	DSK SARL	M021912748146M	CIME BAFOUSSAM
204	GEBUCOM SARL 2	M120400017892G	CIME BAFOUSSAM
205	SOCIETE NER SARL	M081812717773M	CIME BAFOUSSAM
206	STE AFNEH SARL	M031912753591G	CIME BAFOUSSAM
207	SOCIETE SIPALE DISTRIBUTION & SERVICES SARL	M081812718766K	CIME BAFOUSSAM
208	GENERAL BUSINESS COMPANY SARL	M120400017892G	CIME BAFOUSSAM
209	SOCIETE 3M CAMEROUN SARL	M081812717320E	CIME BAFOUSSAM
210	SOCIETE TILA SARL	M081812717496M	CIME BAFOUSSAM
211	SOCIETE F.F.F. DISTRIBUTION SARL	M031912753589N	CIME BAFOUSSAM
212	STE FONOFI SARL	M011300048176L	CIME BAFOUSSAM
213	ETS KUATE	P106400202637H	CIME NGAOUNDERE
214	FOKOUA NDJOMO SIMEON	P065200351093U	CIME NGAOUNDERE
215	STE DOUF SARL	M031912753576H	CIME BAFOUSSAM
216	TEC SARL	M031912753607E	CIME BAFOUSSAM
217	PIANTA MARIE C.	P056900319241Y	CIME BAMENDA
218	SOCIETE DES ETS MONKAM (S.E.M) S.A	M027800003691Z	DGE
219	FOPA GILBERT	P056900066181X	CIME BAMENDA
220	WYSENYUY FIDELIA AND SONS LIMITED	M121712669953X	CIME BAMENDA
221	ETS. TSAYEM AND SON'S	P106500047738Y	CIME BAMENDA
222	P.L.D.E.	M010000026851T	CIME BAMENDA
223	HAMA GILBERT	P015900084209B	CIME GAROUA
224	YAYA HADABI	P038812242959G	CIME GAROUA

225	SOCIETE COMMERCIALE MAMOUDOU ET FILS	M021812678344W	CIME GAROUA
226	ALI BABBA	P017500372826S	CIME GAROUA
227	OUMAROU MOHAMAN	P016612313865Y	CIME GAROUA
228	Ets. BANDOU CHRISTIAN	P058100562525D	CIME GAROUA
229	Ets. KAIGAMA NGANDI DAMBA	P016800415705B	CIME GAROUA
230	Ets. NGATCHA FABRICE JUVET	P077400273990W	CIME GAROUA
231	Ets. ALAIN BERTIN KEGNE	P087300469813D	CIME GAROUA
232	Ets. YAYA HAMAN	P018400430746U	CIME GAROUA
233	Ets. NDOUMBA	P018500570229L	CIME GAROUA
235	ETS GORSOU ANTOINE	P126300456941Y	CIME GAROUA
236	NZIKO ANDRE	M068600000606C	CIME YAOUNDE OUEST
237	ROUI GAVOUNANG	P016900115462W	CIME MAROUA
238	BALARABE ISSA	P127912498484N	CIME MAROUA
239	SAHEL LOGISTIQUE Sarl	M010900026376A	CIME MAROUA
240	Ets. ENGAMBA & FILS	P088200508488T	CIME MAROUA
241	Ets. HAPPI DANIE	P036100230925F	CIME MAROUA
242	Ets. RAINA & FILS	P016500428105B	CIME MAROUA
243	Ets. WANDJI FEUNBAH PAT COLINCE	P028100559475K	CIME MAROUA
244	Ets. ZAYADI LEFE	P017200378057K	CIME MAROUA
245	Ets ZOKMEPENG Gustave	P097500562828L	CIME MAROUA
247	KEUMEGNE EMMANUEL	P037300061718B	CIME NGAOUNDERE
248	SODIBONO	M030100015674K	CIME GAROUA
249	ETS A. NZIKO SARL	M068600000606C	CIME YAOUNDE OUEST
250	HAROUNA HASSANA	P016700088182M	CIME NGAOUNDERE
255	C D E N EDEME (KOUSSERI)	M121612604331U	CIME MAROUA
256	C D E N EDEME (SDP YAGOUA)	M121612604331U	CIME MAROUA

Source : MINFI

Au regard de ce tableau, il est évident que la SABC détient plus de parts de marchés que les autres. Cela peut expliquer le fait que ce soit la SABC qui était à l'initiative[106] de cette suggestion d'abattement de 50 % du précompte sur achats en 2016 pour protéger ses clients.

---

[106] Hervé NANA, « Les clients répertoriés dans le fichier de la DGI et inscrits aux CGA percevront la totalité de leurs rétrocessions », précité, p. 7.

Tableau 4 : La liste des distributeurs de la société GUINNESS Cameroun SA

N°	NOM DES DISTRIBUTEURS	NIU	CENTRES DE RATTACHEMENT
1	Africa Business Corporation SARL	M111300047829Z	CIME LITTORAL-EXTERIEUR
2	ALONGMO Jimmy Golvice	P038500576993S	CIME YAOUNDE
3	AMIN AKAMIN Bernard	P015000160674R	CIME LIMBE
4	ATOMIC Distribution	M070900028026Z	CIME BAFOUSSAM
5	BILENG Barnabas AZAMAH	P055800309043L	CIME LIMBE
6	Bruno& Company Limited	M051812705244N	CIME LIMBE
7	Centre de Distribution des Produits	M090600021126Q	CIME YAOUNDE OUEST
8	Distribution Plus SA	M011712586008R	CIME YAOUNDE EST
9	DJIONGO SARL	M101612572915T	CIME YAOUNDE OUEST
10	Espoir Distribution SARL	M101812725597Q	CIME BERTOUA
11	Ets Planète Services	P088112629506U	CIME YAOUNDE
12	G Distributions Services SARL	M031712617000C	CIME MAROUA
13	Global Strategic Business Company LTD	M060500019139E	CIME LIMBE
14	Intelligrence Telecom	M011112585020Y	CIME KRIBI
15	JD Distribution & Services	M080600021121P	CIME DOUALA AKWA 2
16	JIPEDIS SARL	M090600021147W	CIME YAOUNDE
17	MAND CO SARL	M010700021787Z	CIME YAOUNDE
18	MGC Brothers & Sons	M011200039916D	CIME GAROUA
19	MUNA MUKORO John	P095600125199D	CIME LIMBE
20	NEALIKO Distribution LTD	M061512375913K	CIME LIMBE
21	Providence Distribution Services	M080600021118U	CIME YAOUNDE EST
22	SAGEL Négoce	M061300046150K	CIME YAOUNDE EST
23	SANDE Topline Services	M041300045465M	CIME BAMENDA
24	SOCIETE GENERALE DE DISTRIBUTION DU CAMEROUN	M070800025551U	CIME KRIBI
25	SOCIETE SIEGASIE	M011712616664X	CIME KRIBI
26	Spider Distribution SARL	M080600021289X	CIME BERTOUA
27	Sté Armando SARL	M011812673371U	CIME YAOUNDE OUEST
28	Sté Christ Joel Distribution SARL	M011712599735U	CIME DOUALA AKWA 2
29	Sté de Distribution des Produits Alimentaires du Cameroun	M011400048882E	CIME DOUALA AKWA 2
30	Sté Dream Distribution SARL	M041512488882N	CIME DOUALA AKWA 2
31	Sté ELY-MAN SARL	M061512374390M	CIME BERTOUA
32	Sté MAGNE Rebecca SARL	M021712627503Y	CIME LITTORAL-EXTERIEUR
33	Sté OUMAROUST	M031200040985X	CIME MAROUA
34	Sté Roberted Global Services SARL	M021812676287P	CIME DOUALA AKWA 2
35	Sté SOCADIN SUARL	M021612500144H	CIME DOUALA AKWA 2
36	TANG NKUEKO Serge Nathan	P078012603324M	CIME DOUALA AKWA 2
37	TEBOH MBAH Georges	P115800194037G	CIME LIMBE
38	TSAGA Distribution SARL	M091612569023J	CIME BAFOUSSAM
39	World Business SARL	M121712669467Z	CIME CENTRE-EXTERIEUR
40	YANKOUA Elvis	P097000007000H	CIME CENTRE-EXTERIEUR
41	YEMELI Arserne Hubert	P127200489438K	CIME BAFOUSSAM

Source : MINFI

Comme on peut l'observer, cet arrêté constitue un véritable ouf de soulagement pour plusieurs entreprises, mais surtout pour la société GUINNESS Cameroun qui voit ainsi ses grossistes rétablis dans leurs droits.

Tableau 5 : Liste des distributeurs de la société Union camerounaise des Brasseries (UCB)

N°	NOM DES DISTRIBUTEURS	NIU	CENTRES DE RATTACHEMENT
1	3C Cameroun SAS	M081712641591B	DGE
2	ACHANYI and Sons Enterprise LTD	M080600027725P	DGE
3	BIMEH MBANGA	P117300260446T	CIME BAMENDA
4	Cameroon Marketing Commoditie	M069900012359J	DGE
5	Central Distribution and Services	M101812756308Y	CIME DOUALA AKWA 2
6	CHULA Célestin	P097400473096F	CIME BAFOUSSAM
7	DJOMSSI Epse WAMBA TEMGOUA Odette M	P016412268794N	CIME YAOUNDE EST
8	DOMCHE ZALI Ancharlaine Laure	P089512599761K	CIME YAOUNDE EST
9	FOKA Léopold	P016700206911E	CIME DOUALA AKWA 2
10	FOMENE KUETE Duplex	P037800360790N	CIME BAMENDA
11	FOWADA Oscar	P087600266639B	CIME BAFOUSSAM
12	GAMGO Martine	P067000341602U	CIME DOUALA AKWA 2
13	HAPPICAM Company LTD	M121100039184X	CIME LIMBE
14	KAMGANG Marlyse Aimée	P108012300166F	CIME CENTRE- EXTERIEUR
15	KENFACK Michel	P087212270647Z	CIME DOUALA AKWA 2
16	KENGNE MBOUJE KO Charlotte	P037900423129K	CIME YAOUNDE EST
17	KUEKAMSI SARL	M051411998285L	CIME YAOUNDE OUEST
18	MATCHIM Marie Christiane	P097900579116U	CIME CENTRE- EXTERIEUR
19	NAMEKEM Honorine Epse TALOM	P097412330509Z	CIME BAFOUSSAM
20	NGUEZET Collinces	P097000243928B	CIME DOUALA AKWA 2
21	NOTOUM Abel	P127100445752Z	CIME BAFOUSSAM
22	NOUBISSI Gabriel	P0880012150349J	CIME CENTRE- EXTERIEUR
23	Société de Représentation et Distribution	M081712640854G	CIME BERTOUA
24	SOH FOTSING Benoit	P027512247664L	CIME YAOUNDE EST
25	Sté 3KS SARL	M011400048490L	CIME DOUALA AKWA 2
26	Sté Mosaïques SARL	M021512262239W	CIME KRIBI
27	Sté Saturne Services SARL	M021512261027Y	CIME DOUALA AKWA 1
28	Sté SOCADIN SARL	M021612500144H	CIME DOUALA AKWA 2
29	TAGNE FOTSO Robert	P028412670509F	CIME BAFOUSSAM
30	TAMO Victor	P015712314468K	CIME DOUALA AKWA 2
31	TCHEUDJI Jean Claude	P075700161926Y	CIME LIMBE
32	TEMENOU Bernard	P015100400404Z	CIME DOUALA AKWA 1

Source : MINFI

Tableau 6 : Liste des distributeurs de la société BVS production

N°	NOM DES DISTRIBUTEURS	NIU	CENTRES DE RATTACHEMENT
1	BVS Distribution Cameroun SAS	M091812724382J	DGE
2	DAHKEN	M090100012890Q	CIME DOUALA AKWA 2
3	KENMOGNE Clovis	P047404515169S	CIME DOUALA AKWA 2
4	TCHANTCHO Gilbert	P017400101479B	CIME KRIBI

Source : MINFI

Tout comme la société GUINNESS Cameroun, les grossistes d'UCB et BVS auront des motifs de se réjouir.

I. La circulaire n° 006/MINFI/DGI/LRI/L du 21 février 2020 précisant les modalités d'application des dispositions fiscales de la loi n° 2019/023 du 24 décembre 2019 portant loi de Finances de la République du Cameroun pour l'exercice 2020

Cette circulaire vient apporter cinq importantes précisions :

- Les mesures contenues dans l'arrêté n° 00000009/MINFI/SG/DGI du 15 janvier 2020, s'appliquent aux opérations réalisées à partir du 1er janvier 2020.
- Aux fins de mise à jour du fichier des adhérents des CGA, les promoteurs des CGA devront communiquer trimestriellement au plus tard le 15 du mois suivant, à leur centre des impôts de rattachement avec copie au DGI, la liste de leurs adhérents nouvellement inscrits ainsi que ceux ne relevant plus de leur structure.
- Les distributeurs grossistes doivent appartenir au régime du réel et acheter auprès des entreprises productrices.
- Les distributeurs grossistes habilités à appliquer l'abattement au profit des adhérents des CGA doivent

transmettre trimestriellement et au plus tard le 15 du mois suivant, le listing des opérations réalisées avec leurs clients adhérents des CGA.

- Les entreprises productrices et les distributeurs grossistes sont tenus d'annexer à leurs déclarations annuelles, sur support électronique exploitable, la liste récapitulative de leurs clients distributeurs adhérents des CGA, avec précision du montant précompte par client ainsi que leur CGA de rattachement.

Par ailleurs, il convient tout de même de souligner l'instauration d'autres textes après février 2020 :

- La décision n° 00000223/MINFI/DGI/LRI/ du 11 septembre 2020 portant désignation des inspecteurs assistants auprès des CGA ;
- L'article 124 ter de la loi de Finances pour l'exercice 2021 et sa circulaire précisant les modalités d'application qui concernent les avantages fiscaux accordés aux start-up innovantes de l'économie numérique ;
- Les articles L13 et L120 de la loi de Finances pour l'exercice 2022 qui concernent l'assistance du contribuable exclusivement par un conseil fiscal agréé CEMAC ou un centre de gestion agréé. Si ces dispositions sont appliquées, elles permettront d'une part, aux CGA d'avoir un peu plus d'adhérents sans faire trop d'efforts et d'autre part, de restreindre significativement le champ d'intervention des conseils fiscaux charlatans (ceux qui n'ont pas d'agrément pour exercer la profession de conseil fiscal légalement). Par conséquent, les conseils fiscaux agréés CEMAC pourront vivre décemment de leur profession.

Section 2 : Les motivations de l'instauration des CGA

En matière de lois, rien n'est fortuit. Parmi les principales raisons qui ont conduit le Gouvernement à instituer les CGA, on relève le foisonnement des activités du secteur informel et le sous-emploi (§1), le manque à gagner sur les recettes fiscales (§2).

§1. Le foisonnement des activités du secteur informel et sous-emploi

Depuis la crise économique entamée au milieu des années 1980 en Afrique, le secteur informel avait considérablement gagné du terrain dans le marché du travail au Cameroun. En effet, alors que le secteur informel ne regorgeait que de 50 % des actifs en 1987, sa taille est passée à 88,2 % en 1993, puis a atteint le pic de 96,1 % en 2001.[107] En 1992, les statistiques soutenaient que le secteur informel avait contribué à la création de plus de 8 emplois sur 10.[108]

Cette crise économique des années 1980 a eu des conséquences fâcheuses au niveau des politiques publiques au Cameroun et dans plusieurs autres pays africains. Les politiques d'ajustement structurel marquées notamment par la réduction des effectifs de la Fonction publique et la rigueur budgétaire ont conduit à décupler l'activité économique informelle en raison de la montée du chômage et de la baisse des salaires dans certains pays.

On a pu remarquer l'essoufflement de la capacité d'absorption d'emplois du secteur public et la faible

---

[107]BIT, *Enquête auprès des entreprises informelles du Cameroun*, précitée, p. 12.
[108]Ibid., p. 16.

capacité de création d'emplois dans le secteur privé moderne, les jeunes sortant des écoles, l'exode des jeunes ruraux vers les villes qui venaient grossir le lot des demandeurs d'emploi. Ceci créait un déséquilibre sur le marché du travail. Le secteur informel, dans ces conditions, apparaît comme un secteur refuge, une solution de détresse, un bon régulateur des tensions sociales.

§2. Le manque à gagner sur les recettes fiscales

Le Gouvernement s'est rendu compte que le secteur informel limitait l'efficacité des politiques publiques, en ce sens qu'en étant source de manque à gagner sur les recettes fiscales, ce secteur réduisait la marge de manœuvre de l'État dans le déploiement de certains projets de développement dont les bénéficiaires finaux sont les populations et dans la mise en place d'infrastructures de base pour faciliter la pratique des affaires.[109] C'est ainsi que des initiatives ont été prises par le Gouvernement, visant à réduire la taille et l'expansion de l'informel. On peut donc citer entre autres mesures l'instauration des CGA dans la loi de Finances pour l'exercice 1996/1997 pour limiter les barrières à l'entrée du secteur formel.[110]

À travers les développements qui précèdent, on peut comprendre d'une part que la crise des années 1980 a entraîné le taux élevé du sous-emploi, la multiplication des activités du secteur non structuré et le manque à gagner sur les recettes fiscales qui étaient à l'origine de l'apparition de la notion de CGA au Cameroun. D'autre part, nous avons pu recenser 15 textes de façon chronologique qui ont encadré les CGA entre 1996 et 2020.

---

[109] Noé NDI MBERE, « Comment aider les PME et les TPE à se formaliser ? », *Bulletin du GICAM*, juin 2017, n° 70, p. 3.
[110] *Ibid.*, p. 3.

CHAPITRE 2 :

LES OBJECTIFS DES MESURES INCITATIVES DESTINÉES AUX ADHÉRENTS ET PROMOTEURS DE CGA

Plusieurs avantages fiscaux ont été octroyés au profit des adhérents et promoteurs de CGA comme nous l'avons vu plus haut, suivant le cadre de référence de l'action gouvernementale de la période 2010-2020.

C'est ainsi que les pouvoirs publics font ressortir ce qu'ils qualifient de principales attentes (section 1), puis les autres attentes (section 2).

Section 1 : Les principales attentes liées aux CGA

Le déploiement des CGA devrait faciliter la migration et la création d'emplois dans un premier temps (§1), puis améliorer leur gouvernance financière (§2).

§1. Les objectifs de migration et de création d'emploi à travers les CGA

Selon le DSCE, le Gouvernement compte essentiellement sur le développement des PME (A) pour relever l'immense défi de l'emploi (B).

A. Des objectifs de migration des activités du secteur informel vers le formel

« Le Gouvernement se fixe comme objectif de réduire très fortement la taille du secteur informel pour le ramener à un niveau résiduel à l'horizon 2035[111] ».

Selon l'Institut national de la Statistique (INS), sur 88 144 entreprises recensées en 2009, la quasi-totalité de ces entreprises sont des PME : 63 973 TPE (72.6 %), 20 117 PE (22.8 %), 3 629 ME (4.1 %) et 425 Grandes Entreprises (0.5 %)[112]. Sur cette base, Barnabé OKOUDA, directeur exécutif du Centre d'Analyse et de Recherche sur les Politiques économiques et sociales du Cameroun (CAMERCAP-PARC) estime qu'entre 2010 et 2015, il y aurait au moins 40 000 PME supplémentaires créées.[113]

Les statistiques révèlent que dans le monde en développement, l'Afrique subsaharienne (ASS) se démarquait avec un secteur informel qui contribuait à 63,6 % du PIB, contre 16 % dans les pays de l'OCDE en 2004 ; 30,2 % en Asie ou encore 19,5 % dans les pays en transition. En ASS, le Cameroun apparaissait comme l'un des pays ayant un secteur informel urbain en expansion, avec une contribution de 57,6 % du Produit intérieur brut (PIB) en 2003, dont 36 % représentant le PIB hors agriculture, située au-dessus de la moyenne africaine (31,3 %) et plus importante que celle des pays tels que le

---

[111] *DSCE : cadre de référence de l'action gouvernementale pour la période 2010-2020*, p. 93.

[112] INS, *Deuxième recensement général des entreprises en 2016 (RGE-2) : Rapport principal,* Yaoundé, INS, septembre 2018, p. 54.

[113] CAMERCAP-PARC, *Suivi de la démographie des petites et moyennes entreprises au Cameroun : dispositif de suivi de la mortalité des PME*, Volume 2, Yaoundé, CAMERCAP-PARC, septembre 2016, p. vii.

Sénégal, le Bénin ou le Niger.[114] En ce qui concerne le secteur d'activité, les données d'une étude de l'INS de 2005 et 2010 montraient que le secteur informel dominait dans tous les secteurs d'activité notamment dans la sphère primaire et le commerce. Entre 2005 et 2010, excepté dans le domaine du commerce, la part de l'informel s'est accrue d'en moyenne 1,43 point.[115]

Le Groupement interpatronal du Cameroun (GICAM) ayant estimé que les entreprises du secteur formel sont à plusieurs égards victimes d'une injustice en matière de paiement des impôts par rapport à celles du secteur informel et compte tenu de son ambition d'accroître la représentativité des PE et TPE en son sein, s'est donné comme objectif de contribuer à la migration des acteurs du secteur informel vers le formel.[116] Sachant que certaines entreprises entretiennent avec les acteurs du secteur informel des relations de client/fournisseur de matières premières, le GICAM a entrepris d'inciter ces grandes entreprises à se servir de cette collaboration pour pousser les acteurs de l'informel vers le formel.[117]

---

[114]BIT, *Enquête auprès des entreprises informelles du Cameroun*, précitée, p. 15.

[115]*Ibid.*, p. 17.

[116] Noé NDI MBERE, « Comment aider les PME et les TPE à se formaliser ? », précité, p. 3. Noé NDI MBERE précise qu'est considérée comme jouissant d'une existence légale ou formelle, toute entreprise au Cameroun disposant de :

- l'inscription au registre de commerce et du crédit mobilier ;
- l'immatriculation du contribuable par l'administration fiscale ;
- l'inscription à la Caisse nationale de Prévoyance sociale (CNPS) ;
- l'attestation de non-redevance datant de moins de trois mois ;
- l'inscription au registre de Coopérative et Groupe d'Initiative commune pour toutes les entreprises d'économie sociale.

[117] Noé NDI MBERE, « Comment aider les PME et les TPE à se formaliser ? », précité, p. 4.

Comme nous l'avons vu précédemment, l'un des objectifs de cette étude consiste à voir si les activités du secteur informel ont diminué et combien d'entreprises ont été créées pendant la première phase de la mise en œuvre du DSCE.

B. L'objectif de relèvement du défi de la création d'emplois

Selon l'INS, en 2005, le niveau de chômage au Cameroun est faible et se situe à 4,4 % au sens du BIT et à 6,2 % au sens élargi. Ce niveau de chômage masquait cependant un sous-emploi global dont le niveau était de 75,8 %, et une prépondérance du secteur informel qui employait 90 % de la population active occupée. En effet, comme présenté, le secteur informel est le terreau de l'initiative privée, car entre 2005 et 2010, un peu plus d'un actif occupé sur deux opère comme auto-employé dans le secteur informel.[118]

Selon les statistiques du premier Recensement général des Entreprises (RGE-1) en 2009, les emplois permanents du secteur privé comptaient 386 263 personnes pendant que les emplois dits temporaires s'élevaient à 43 495 personnes.

Malgré le fait que les TPE et PE n'aient réalisé que 15,4 % du CAHT total en 2008, elles ont offert quand même 48,7 % des emplois permanents, soit 188 110 sur 386 262 des effectifs permanents.[119]

Certainement avec l'apport des CGA et d'autres programmes gouvernementaux, le DSCE prévoit de « ramener le sous-emploi de 75,8 % à moins de 50 % en 2020 avec la création de dizaines de milliers d'emplois

---

[118] BIT, *Enquête auprès des entreprises informelles du Cameroun*, précité, p. 18.

[119] INS, *Recensement général des entreprises (RGE 2009) : rapport principal des résultats*, Yaoundé, INS, septembre 2010, p. 36.

formels par an dans les dix prochaines années ».[120] Le DSCE a aussi pour objectif à l'horizon 2020 de résorber complètement le sous-emploi visible et de maintenir le taux de chômage élargi à moins de 7 %. [121]

§2. Les acteurs de CGA et la gouvernance financière

Les acteurs de CGA (A) ont un dénominateur commun qui est la bonne gouvernance financière (B).

A. Les acteurs de CGA

On ne saurait parler d'acteurs de CGA sans faire allusion aux adhérents (1) et promoteurs de CGA (2).

1. Les adhérents de CGA

Étant donné que nous nous intéressons au nombre d'adhérents envisagés, le MINPMEESA prévoit qu'il y aura cinq mille[122] TPE et PE adhérentes aux CGA chaque année. Nous avons également recueilli l'information selon laquelle l'objectif est de convaincre au moins mille inscrits par caravane de vulgarisations des CGA qui se tiendront dans les dix régions du pays. Un ancien ministre des PME disait au sujet du rôle de ladite caravane que : « C'est une campagne de sensibilisation, spécifiquement le secteur des PME, celles qui sont dans l'informel, du commerce en général pour qu'elles soient plus productives et pour qu'elles puissent surtout créer l'emploi. [123]».

---

[120] *DSCE : cadre de référence de l'action gouvernementale pour la période 2010-2020*, p. 15.
[121] *Ibid.*, p. 20.
[122] Exploitation de la fiche de présentation de projet/programme : assistance technique aux PME dans les CGA par le MINPMEESA.
[123] https://www.google.com/amp/s/actucameroun.com/2017 /09/24/cameroun-beneficier-avantages-fiscaux-petites-moyennes-

2. Les promoteurs de CGA

Le décret n° 2000/002/PM du 6 janvier 2000 prévoyait la création de deux [124]

CGA expérimentaux. Entre 2010 et 2020, on sait juste que le Gouvernement envisageait : « la création de CGA dans toutes les régions du Cameroun, et de plusieurs à Douala et Yaoundé[125] ». Bien que le Gouvernement ait l'ardent désir de structurer l'économie, aucun chiffre n'a été avancé s'agissant du nombre de CGA qu'il souhaiterait voir créés à la fin de l'année 2019. Ronna Herman, mentor spirituel dit : « N'oubliez pas qu'un objectif, tant qu'il n'est pas inscrit en noir sur blanc, ne reste qu'un souhait… Le crayon et le papier activent le subconscient et programment l'objectif. »[126] Puisque les objectifs ne sont pas correctement définis, il sera difficile pour le Gouvernement de savoir si les mesures incitatives sont assez efficaces pour attirer les potentiels promoteurs de CGA.

B. La gouvernance financière

La tenue d'une comptabilité formelle constitue une disposition administrative supplémentaire généralement retenue par l'INS pour la caractérisation de la formalité des entreprises.[127] Le rapport principal du recensement général des entreprises (RGE) de 2009 fait savoir que la tenue de comptes constitue un élément clé de la transparence et de la gouvernance économique dans les entreprises. Il est

---

entreprises-conviees-a-adherer-aux-centres-de-gestion-agreees/amp/ , consulté le 18 octobre 2019.

[124] Décret n° 2000/002/PM du 6 janvier 2000, précité, art. 13.

[125] ABS-international, *Centre de Gestion agréé : guide de l'entrepreneur*, précité, p. 17.

[126] https://www.leplaisirdecrire.com/5-citations-sur-la-planification/, consulté le 29 novembre 2019.

[127] BIT, *Enquête auprès des entreprises informelles du Cameroun*, précitée, p. 58.

important que chaque entreprise du secteur moderne se conforme au droit comptable en vigueur dans le respect et l'application des directives adoptées par les États parties signataires du traité communautaire de l'OHADA. La comptabilité permet au chef d'entreprise d'avoir une visibilité sur ses activités ; au banquier d'avoir des éléments d'appréciation pour l'octroi de crédits et à l'État d'avoir des données économiques fiables sur les entreprises, tant pour la gestion de l'économie que pour une fiscalité équitable.

Ce rapport révèle aussi que seulement 42,9 % d'entreprises camerounaises tenaient une comptabilité écrite contre 57,1 % qui n'en avaient pas du tout. Parmi les 37 800 entreprises qui tenaient une comptabilité écrite, seulement 11 736 (soit 31,1 %) aboutissaient à une comptabilité formelle, c'est-à-dire celle qui mène à la confection d'une Déclaration statistique et fiscale (DSF) ; ce qui fait seulement 13 % de l'ensemble des entreprises. C'est dire que des efforts importants restent à faire pour amener la majorité des entreprises et surtout les PME à tenir une comptabilité formelle et réglementaire.

Ce compte rendu de l'INS expliquait aussi que la faible propension des entreprises à tenir des comptes formels montrait que les pouvoirs publics et les organisations patronales concernées doivent prendre des mesures concrètes pour amener la plupart des entreprises à tenir une comptabilité formelle et accompagner celles qui tiennent déjà une comptabilité écrite à aller jusqu'au bout du processus, c'est-à-dire jusqu'à la production des états financiers, à savoir la DSF qui est un document essentiel pour les actionnaires, le banquier, les bailleurs et tous les investisseurs.[128]

---

[128] INS, *Recensement général des entreprises (RGE 2009) : rapport principal des résultats*, précité, pp. 37-38.

Ce serait vraiment restreint si l'on se limitait aux éléments précédemment cités pour évaluer les effets des faveurs octroyées aux parties prenantes des CGA, car il y en a d'autres.

Section 2 : Les autres attentes liées aux CGA

Sont aussi indispensables pour mesurer l'impact des avantages accordés aux adhérents et promoteurs de CGA, la création de richesse et la mortalité des PME (§1) ; des estimations des dépenses et recettes fiscales des PME (§2).

§1. La création de richesse et la mortalité des PME

C'est un secret de polichinelle de dire qu'une PME a pour but de créer de la richesse (A) et il peut arriver un moment où elle vient à mourir (B).

A. La création de richesse par les PME

L'un des moyens pour déterminer la croissance d'une entreprise réside au niveau de l'évolution de son chiffre d'affaires. L'INS révèle que le CAHT global des entreprises recensées pour l'exercice 2008 était de 10 225 milliards F CFA, dont 15,4 % (1 575 milliards F CFA) provenant des TPE et PE.[129]

Au cours de la période de mise en œuvre du Document de Stratégie de Réduction de la Pauvreté (DSRP), le produit intérieur brut (PIB) avait enregistré un taux moyen de croissance réelle de 3,32 % entre 2003 et 2007. Le DSCE quant à lui, prévoyait une croissance à 5,5 % en moyenne annuelle dans la période 2010-2020. Le MINPMEESA

---

[129] Annuaire statistique des PMEESA 2018, p. 47.

espérerait une contribution de 50 %[130] de ce PIB de la part des PME.

B. La mortalité des PME

Il est généralement démontré que ce sont les PME qui génèrent et soutiennent la croissance, créent des emplois, se développent plus rapidement et sont plus novatrices. Elles sont moins complexes (du point de vue de la structure) et plus efficientes et souples que les grandes entreprises. Cependant, le cycle de vie des entreprises peut être appréhendé comme celui des espèces vivantes. Elles sont sujettes à une mortalité précoce ou tardive.[131]

L'une des missions des CGA c'est d'assister les PE et TPE dans leur gestion. Une bonne gestion entraîne forcément la pérennité de l'entreprise. C'est dans cette optique que le DSCE instruit en ce qui concerne spécifiquement les PME, des réformes globales visant à réduire significativement le taux de mortalité de la jeune entreprise (celle dont l'âge est inférieur à deux ans), par un ensemble de mesures d'accompagnement visant le renforcement des capacités humaines et techniques ainsi que de la gouvernance d'entreprise.[132]

Étant donné que sur 88 144 entreprises recensées en 2009, 95,4 % sont des PE et TPE, on verra combien d'entre elles ont survécu. De même, on déterminera combien d'entreprises créées dans les Centres de Formalités et de Création d'Entreprises (CFCE) depuis 2010 ont pu résister

---

[130]https://www.google.com/amp/s/www.investiraucameroun.com/index.php/gestion-publique/3007-6582-cameroun-si-les-pme-contribuaient-a-50-du-pib-nous-serions-deja-un-pays-emergent-selon-etoundi-ngoa/amp, consulté le 29 novembre 2019.

[131] Suivi de la démographie des petites et moyennes entreprises au Cameroun : dispositif de suivi de la mortalité des PME, précité, p. 2.

[132] *DSCE : cadre de référence de l'action gouvernementale pour la période 2010-2020*, p. 90.

aux risques de fermeture pour pouvoir générer la croissance et les emplois décents, objectifs de la stratégie de développement du Cameroun déclinée dans le DSCE.

§2. Une estimation des dépenses et recettes fiscales des PME

Émile de Girardin disait : « Gouverner, c'est prévoir ; et ne rien prévoir, c'est courir à sa perte ».[133] Cela nous amène à rechercher ce que le Gouvernement a prévu en termes de dépenses (A) et recettes fiscales au profit des PME (B).

A. Des prévisions de dépenses fiscales au profit des PME

Le DSCE prévoit la rationalisation et la maîtrise des dépenses fiscales pour parvenir à un niveau de mobilisation optimale et satisfaisante des recettes fiscales.[134] De son côté, l'OCDE perçoit une dépense fiscale comme « un transfert de ressources publiques résultant d'une réduction des obligations fiscales relativement à une norme, plutôt que d'une dépense directe. »[135]

Nous n'avons malheureusement pas pu obtenir des données chiffrées concernant les dépenses fiscales au profit des PME. Les cadres de la Cellule du Suivi des Régimes fiscaux dérogatoires (CSRFD) nous ont fait savoir qu'aucune étude du genre n'a été menée jusqu'à présent par la DGI.

---

[133]https://citations.ouest-france.fr/citation-emile-de-girardin/gouverner-prevoir-rien-prevoir-courir-108794.html, consulté le 27 novembre 2019.

[134] *DSCE : cadre de référence de l'action gouvernementale pour la période 2010-2020*, p. 84.

[135] Anne Marie GEOURJON, Émilie CALDEIRA, « l'évaluation des dépenses fiscales : vers des réformes portées par le numérique », *Impôts-Infos*, n° 0010, juin 2019, p. 39.

Par ailleurs, une étude commanditée par le ministère de l'Économie, de la Planification et de l'Aménagement du Territoire (MINEPAT) retient notre attention. Cette étude qui avait pour but de quantifier l'impact des Accords de Partenariat économique (APE) sur le commerce extérieur et les finances publiques a estimé que les pertes de recettes vont passer de 3,9 milliards en 2010 à 168,2 milliards de F CFA en 2023[136]. L'impact de la signature de l'APE sur les finances publiques sera perceptible à moyen et long termes et se traduira par des pertes fiscales nettes. La simulation de l'impact de cet accord sans la mise en œuvre de son volet développement et mise à niveau des entreprises locales montre des pertes cumulées de 547,7 milliards de F CFA sur la période 2010-2020 de recettes non pétrolières, dont 459,6 milliards de F CFA entre 2015 et 2020. Ce gap représenterait en moyenne 0,4 % du PIB sur cette dernière période. Cette situation aggraverait le besoin de financement qui passerait de 216,3 milliards de F CFA en 2010 à 1 167,5 milliards de F CFA en 2020.[137] Si une telle étude a été faite alors qu'il n'y en a aucune en matière de dépenses fiscales à octroyer aux adhérents et promoteurs de CGA entre 2010 et 2020, cela pourrait être interprété comme le fait pour le Gouvernement de ne pas vraiment vouloir le développement des PME. D'ailleurs, Jésus disait : « lequel de vous s'il veut bâtir une tour, ne s'assied d'abord pour calculer la dépense...[138] ».

---

[136] *DSCE : cadre de référence de l'action gouvernementale pour la période 2010-2020*, p. 23.
[137] *Ibid.*, p. 24.
[138] *La Sainte Bible*, version Louis SEGONG, Luc 14 : 28.

B. Des prévisions de recettes fiscales issues des PME

Pourtant nécessaire pour le suivi de la rentabilité des PME, la DGI n'a pas fait une estimation des recettes fiscales des PME.

Par ailleurs, le DSCE envisageait que le taux de pression fiscale devait se maintenir au-dessus de 11 % dans la perspective des efforts de mobilisation des recettes des administrations fiscales.[139] Par contre, le rapport faisant suite à l'analyse documentaire et aux discussions avec les responsables des différentes administrations camerounaises ainsi que les représentants des partenaires techniques et financiers, membres du Comité sectoriel des Finances publiques (CSFP) lors des missions de juin, d'octobre et décembre 2012, nous font des révélations inquiétantes. Nous y apprenons que bien que l'élargissement de l'assiette fiscale connaisse des progrès d'année en année, des efforts sont encore nécessaires pour améliorer la prévision des recettes, la transparence de l'assujettissement des obligations des contribuables, l'efficacité de l'immatriculation des contribuables, l'évaluation de l'impôt et le recouvrement des contributions fiscales et douanières ainsi que des autres recettes. Il ajoute que la qualité de la prévision des recettes fiscales ne s'est pas améliorée et que la direction de la prévision au sein de la Direction générale du Budget (DGB) ne dispose pas d'outil de prévision des recettes. Ce rapport précise aussi que la DGI et la Direction générale des Douanes (DGD) n'ont pas d'outils de prévision de leurs recettes et qu'il n'existe pas d'outils d'analyse pour les recettes non fiscales et leurs

---

[139] *DSCE : cadre de référence de l'action gouvernementale pour la période 2010-2020*, p. 23.

potentialités[140]. En conséquence, on se demande quel crédit accorder à cette évolution des recettes publiques en pourcentage du PIB dans le DSCE.

Tableau 7 : Évolution des recettes publiques (% du PIB)

Exercices	2008	2009	2010	2011	2012	2013	2014	2015	2016	2017	2018	2019	2020
Recettes totales	19,9	16,6	15,5	16,5	17,2	17,3	17,2	16,8	17,3	16,8	16,4	16,1	15,8
Recettes pétrolières	7,6	4,0	3,0	4,0	4,8	4,9	4,8	4,2	4,7	4,1	3,6	3,2	2,7
Recettes non pétrolières	12,3	12,6	12,6	12,5	12,5	12,4	12,4	12,5	12,6	12,6	12,7	12,9	13,1
Recettes fiscales	11,6	11,3	11,2	11,1	11,2	11,1	11,2	11,3	11,4	11,4	11,5	11,7	11,8
Impôts sur cce internatio.	2,1	1,8	1,7	1,7	1,6	1,4	1,3	1,3	1,1	1,0	0,9	0,9	0,8
Recettes non fiscales	0,8	1,3	1,4	1,4	1,3	1,3	1,2	1,2	1,2	1,2	1,2	1,2	1,2
Recettes non pétrolières/PIB non pétrolier	13,7	13,1	13,0	13,0	13,1	13,0	13,1	13,1	13,2	13,2	13,2	13,3	13,4

Source : DSCE

Au bout du compte, nous avons tant bien que mal relevé une estimation chiffrée en termes de migration des activités du secteur informel vers le formel, de création d'emplois décents, de nombre de CGA à créer, de nombre d'adhérents à enregistrer, de la gestion comptable et fiscale dans les PME, de leur part de création de richesse, de leur mortalité, de leurs recettes et dépenses fiscales envisagées.

[140] *Plan de modernisation des finances publiques du Cameroun : revue de mise en œuvre 2009-2012 et actualisation 2013-2015*, rapport provisoire, novembre 2012, p. 14.

CONCLUSION DE LA PREMIÈRE PARTIE

Au regard de tout ce qui a été dit plus haut, nous retenons que les années 1980 n'ont pas été un long fleuve tranquille sur le plan économique pour les pays africains et par ricochet, pour le Cameroun. Cette crise a conduit à la réduction considérable des emplois décents, la disparition massive des entreprises formelles, l'accroissement exponentiel de l'incivisme fiscal. Pour tenter de remonter la pente, le Gouvernement avait donc instauré la notion de CGA en 1996. Depuis cette date et jusqu'en 2020, les CGA se sont enrichis d'au moins 15 textes qui les réglementent malgré le fait que certaines lois viennent en abroger d'autres.

L'ingénieur-conseil, Guy VIBERT dit : « on ne prévoira jamais l'imprévisible. Mais en prévoyant, on diminue les risques de se tromper. »[141]. C'est ainsi que les attentes du Gouvernement au regard des faveurs accordées aux adhérents et promoteurs de CGA durant la première phase de la mise en œuvre du DSCE ont été relevées. Elles permettront de faire des comparaisons des mesures incitatives au profit des adhérents et promoteurs de CGA, objet de la seconde partie.

---

[141] Michel COCHEREL, *Maîtriser son temps*, Paris, ESF, 1984, p. 127.

SECONDE PARTIE :

UNE APPRÉCIATION DES MESURES INCITATIVES AU PROFIT DES ADHÉRENTS ET PROMOTEURS DE CGA

Le cadre réglementaire et les motivations de l'instauration des CGA ayant été précisés autant que la finalité des mesures incitatives à leurs adhérents et promoteurs, il convient à présent d'apprécier le niveau de réalisation desdits objectifs (chapitre 1) et de montrer comment certaines dispositions peuvent être impertinentes ou mal appliquées (chapitre 2).

CHAPITRE 1 :

UNE APPRÉCIATION DES OBJECTIFS DU DSCE ASSIGNÉS AUX CGA

Nous ne saurions déterminer la pertinence des mesures relatives à la promotion des CGA sans apprécier le niveau de réalisation des principales attentes (section 1) ainsi que les autres attentes (section 2).

Section 1 : Une appréciation du niveau de réalisation des principales attentes liées aux CGA

L'environnement des acteurs des CGA (§1) ne semble pas avoir constitué une incitation significative aux opérateurs du secteur informel afin qu'ils migrent vers le secteur formel (§1).

§1. La migration vers le secteur formel et de création d'emploi à travers les CGA en dessous des attentes

L'analyse des chiffres officiels témoigne d'une faible migration du secteur informel vers le formel (A). Par contre, il en ressort une forte création d'emplois notamment dans les TPE, avec cependant des rémunérations incertaines (B).

A. Une faible migration des activités du secteur informel vers le formel

Comme nous pouvons le voir dans le tableau suivant, le deuxième recensement général des entreprises en 2016 (RGE-2) par l'INS nous renseigne sur l'évolution des PE et TPE créées entre 2009 et 2016.

Tableau 8 : Évolution de la structure des entreprises par type

Type d'entreprise	2009		2016	
	Nombre	Proportion (%)	Nombre	Proportion (%)
TPE	63 973	72,6	161 094	79,2
PE	20 117	22,8	39 205	19,3
ME	3 629	4,1	2 689	1,3
GE	425	0,5	431	0,2
Total	**88 144**	**100,0**	**203 419**	**100,0**

Source : INS

Au regard de ce tableau et en tenant compte du fait qu'il y ait eu probablement cessation d'activité de certaines entreprises entre 2009 et 2016, nous observons qu'il y a eu au moins 97 121[142] nouvelles TPE créées. Entre 2009 et 2016, il y a eu au moins 19 088[143] nouvelles PE créées.

Quant au tableau n° 9 ci-après, il répartit ces entreprises selon leur type et leur date de création.

[142] 161 094 – 63 693 = 97 121.
[143] 39 205 – 20 117 = 19 088.

Tableau 9 : Répartition des entreprises selon la date de création et le type

Tranche d'année de création	TPE		PE		ME		GE	
	Nbre	%	Nbre	%	Nbre	%	Nbre	%
Avant 1960	30	0,0	53	0,2	16	1,5	61	18,5
1960-1985	980	0,9	496	1,9	92	8,3	62	18,8
1986-1993	1 444	1,3	566	2,1	56	5,1	23	7,0
1994-1996	1 228	1,1	352	1,3	9	0,8	29	8,8
1997-2000	2 841	2,5	870	3,3	45	4,1	32	9,7
2001-2003	3 212	2,9	959	3,6	31	2,8	18	5,5
2004-2006	6 127	5,5	1 616	6,1	41	3,7	27	8,2
2007-2009	8 698	7,8	2 320	8,7	47	4,3	26	7,9
2010-2012	21 866	19,5	5 387	20,3	137	12,4	38	11,6
2013-2015	42 518	37,9	8 204	30,9	89	8,1	10	3,0
2016	23 283	20,7	5 694	21,5	542	49,0	3	0,9
Total déclaré	**112 227**	**100**	**26 517**	**100**	**1 105**	**100**	**329**	**100**

Source : INS

Il ressort de ce tableau que près de 59 % de TPE et 52 % de PE recensées ont été créées entre 2013 et 2016 contre à peine 6 % et 9 % respectivement avant 2000.[144]

D'un autre côté, le tableau n° 10 ci-après fourni par le MINPMEESA nous renseigne sur l'évolution des PME créées dans les CFCE entre 2015 et 2018 :

[144] INS, *Deuxième recensement général des entreprises en 2016 (RGE-2) : rapport principal*, précité, p. 102.

Tableau 10 : Évolution des entreprises créées dans les CFCE selon le type

CFCE	Type	2015	2016	2017	2018
YAOUNDE	TPE	1 283	1 942	3 022	2 345
	PE	4 562	5 920	1 967	2 688
	ME	0	0	0	0
	Total	5 845	7 862	4 989	5 033
DOUALA	TPE	4 070	3 928	4 303	3 040
	PE	1 400	1 381	1 422	2 660
	ME	45	43	90	6
	Total	5 515	5 352	5 815	5 706
BAFOUSSAM	TPE	300	324	445	519
	PE	126	162	152	151
	ME	0	0	5	7
	Total	426	486	602	677
GAROUA	TPE	254	296	287	118
	PE	62	5	62	319
	ME	0	0	0	0
	Total	316	301	349	437
BAMENDA	TPE	150	122	45	63
	PE	212	172	173	174
	ME	0	1	0	0
	Total	362	295	218	237
EBOLOWA	TPE	127	122	166	104
	PE	34	15	12	3
	ME	7	0	0	0
	Total	168	137	178	107
LIMBE	TPE	220	536	575	431
	PE	311	4	10	14
	ME	0	10	0	0
	Total	531	550	585	445
MAROUA	TPE	196	218	239	184
	PE	15	18	43	140
	ME	0	0	0	2
	Total	211	236	282	326
BERTOUA	TPE	/	/	184	202
	PE	/	/	16	18
	ME	/	/	1	0
	Total	0	0	201	220
NGAOUNDERE	PE	/	/	116	192
	ME	/	/	5	41
	TPE	/	/	3	2
	Total	0	0	124	235
TOTAL GENERAL	TPE	6 600	7 488	9 382	7 198
	PE	6 722	7 677	3 862	6 208
	ME	52	54	99	17
	Total	13 374	15 219	13 343	13 423

Source : MINPMEESA

Ce tableau révèle que jusqu'à 15 219 PME ont été créées en 2016. 9 382 TPE ont été créées en 2017 ; ce qui représente le nombre le plus élevé.

Selon le site cameroon-tribune.cm, on aurait un peu plus de 278 000[145] unités de PME de nos jours. On aurait pu dire que les résultats concernant les PME plus haut sont de bons scores puisque le directeur exécutif du CAMERCAP-PARC estimait qu'entre 2010 et 2015, il y aurait au moins 40.000 PME supplémentaires créées. Mais selon le rapport économique d'août 2016-mai 2017 de l'ambassadeur Suisse, les personnes actives dans le secteur informel mènent des activités économiques dans une grande précarité et ce secteur non structuré contribuerait à hauteur de la moitié du PIB[146]. Or, on se souvient pourtant que ce secteur contribuait à hauteur de 57,6 % du PIB en 2003[147]. Cela veut dire que l'économie informelle n'a pas considérablement reculé autant que le prévoyait le DSCE avec la création des CGA.

S'agissant du tableau n° 11 ci-dessous, il répartit les entreprises selon leur type et leur régime d'imposition.

---

[145] https://www.cameroon-tribune.cm/article.html/29257/fr.html/viabilite-de-lentrepreuneuriat-le-combat-continue, consulté le 2 décembre 2019.

[146] Confédération Suisse, *Cameroun : Rapport économique août 2016 - mai 2017,* pp. 2-3.

[147] Voir supra, partie 1, chap. 2, section 1, § 1, A.

Tableau 11 : Répartition des entreprises selon le régime d'imposition et suivant le type d'entreprise

Type	Nombre total d'entreprises	Régime d'imposition déclaré	Impôt libératoire	Régime réel simplifié	Régime du reel	Non imposé	Total
TPE	161 094	124 636	92,1	3,5	0,5	4,0	100,0
PE	39 205	29 787	69,8	11,3	13,0	5,9	100,0
ME	2 689	2 188	28,3	4,0	57,5	10,1	100,0
GE	431	431	0,0	0,0	100,0	0,0	100,0
Ensemble	**203 419**	**157 042**	**86,7**	**5,0**	**3,9**	**4,4**	**100,0**

Source : INS

Il en ressort que sur 161 094 TPE créées, 124 636 seulement ont un régime d'imposition déclaré, soit 77,37 % ; 22,63 % demeurent dans l'informel. Pour celles des TPE ayant un régime d'imposition déclaré, 92,1 % d'entre elles relèvent de l'impôt libératoire[148]**.** S'agissant des PE, sur les 39 205 créées, 29 787 seulement ont un régime d'imposition déclaré, soit 75,98 % ; 24,02 % demeurent dans l'informel. Pour celles des PE ayant un régime d'imposition déclaré, 69,8 % d'entre elles relèvent de l'impôt libératoire. Quant aux ME, sur les 2 689 créées, 2 188 seulement ont un régime d'imposition déclaré, soit 81,37 % ; 18,63 % demeurent dans l'informel. Pour celles des ME ayant un régime d'imposition déclaré, 28,3 % sont encore assujetties à l'impôt libératoire. Le rapport au titre de la charte africaine des droits de l'homme et des peuples et des conventions connexes mentionnait que 1 000 PME

[148]CGI éditions 2020, art. 93 quater al. 1. Cet article dispose que « relèvent du régime de l'impôt libératoire, à l'exception des exploitants forestiers, et des professions libérales, les entreprises individuelles qui réalisent un chiffre d'affaires annuel inférieur à 10 millions ». Ces entreprises sont considérées comme celles appartenant au secteur informel, car elles n'ont pas d'obligation de tenir une comptabilité et ne font pas de déclarations statistique et fiscale.

en 2016 et 1 500 en 2017 ont migré du secteur informel vers le secteur formel[149]. Mais nous ne sommes pas en mesure de dire si c'est grâce aux CGA comme l'envisageait le DSCE.

B. Une création d'emplois aux rémunérations incertaines

L'analyse de la répartition des effectifs employés suivant le type d'entreprise révèle la prédominance des TPE comme nous pouvons le voir dans le tableau qui suit :

Tableau 12 : Répartition des emplois par type d'entreprises

Type d'entreprises	Année 2009				Année 2016			
	Nombre d'entreprises	(%)	Effectif des employés permanents	(%)	Nombre d'entreprises	(%)	Effectif des employés	(%)
TPE	63 973	72,6	120 553	31,2	161 094	79,2	323 603	50,9
PE	20 117	22,8	67 553	17,5	39 205	19,3	97 835	15,4
ME	3 629	4,1	49 977	12,9	2 689	1,3	40 296	6,3
GE	425	0,5	148 180	38,4	431	0,2	174 235	27,4
Total	88 144	100,0	386 263	100,0	203 419	100,0	635 969	100,0

Source : INS

En raison de leur nombre élevé dans le tissu économique, les TPE concentrent la grande partie des emplois, soit 50,9 %. Les Grandes Entreprises (GE), bien peu nombreuses, suivent avec 27,4 % du total des emplois tandis que les PE et les ME emploient respectivement 15,4 % et 6,3 % de l'effectif total. Il convient de noter que

149 *Rapport unique valant 4e, 5e et 6e rapports périodiques du Cameroun au titre de la Charte africaine des Droits de l'Homme et des Peuples et premiers Rapports au titre du Protocole de Maputo et de la Convention de Kampala*, p. 48.

les PME totalisent 461 734 emplois, soit 72,6 % sur un total de 635 969 emplois en 2016.[150] Au vu du tableau de comparaison ci-dessus, on se rend compte que les TPE ont fait plus de recrutements entre 2009 et 2016, mais nous ne pouvons pas être en mesure de dire si c'est du fait de la contribution des CGA. Nous ne sommes pas non plus à même de certifier si ces emplois permanents sont décents ou pas. Cependant, au regard de la qualification de l'impôt libératoire donnée par l'article 93 quater al. 1 du CGI (*… les entreprises individuelles qui réalisent un chiffre d'affaires annuel inférieur à 10 millions. Ces entreprises sont considérées comme celles appartenant au secteur informel…*) et des principes de gouvernance, ces emplois pourraient difficilement générer des rémunérations supérieures au SMIG.

§2. Les acteurs de CGA et la gouvernance financière

L'essence même des CGA c'est la manière avec laquelle les parties prenantes (A) s'occupent de la gouvernance financière d'une entreprise (B).

A. Les acteurs de CGA

Le MINPMEESA prévoyait 5 000 TPE et PE adhérentes aux CGA chaque année (1) et la création des CGA dans toutes les régions du pays (2).

1. Les adhérents de CGA

Entre 2010 et 2020, il y a eu quelques adhésions (a) et le désistement de plusieurs PME (b).

---

150 *INS, Deuxième recensement général des entreprises en 2016 (RGE-2) : Rapport principal,* précité, p. 68.

a. Une insuffisante adhésion aux CGA

Jusqu'en 2012, on dénombrait vingt adhérents répertoriés dans trois CGA pilotes réunis[151]. Selon le MINPMEESA, en 2014, on avait environ trois mille adhérents sur huit CGA fonctionnels[152]. Selon la DGI, en 2016, on en comptait 4 017 sur un total de 23 CGA opérationnels[153]. Comme vu plus haut, en 2016, on enregistrait 200 299 PE et TPE qui étaient supposées adhérer aux CGA puisqu'elles réalisaient un CAHT inférieur ou égal à 100 millions F CFA. Malheureusement, on se rend compte que ces 4 017 adhérents représentent seulement 2 % de ces potentiels adhérents aux CGA et moins de 10 % des prévisions du MINPMEESA.

S'agissant du type d'activité exercé par les adhérents de CGA, il convient de préciser que les exploitants des débits de boissons représentaient plus de 91 % des adhérents des CGA en 2016. Le directeur général de la SABC le confirme quand il dit : « Au 30 juin 2016, date butoir d'inscription dans les CGA, 3 675 clients des Brasseries du Cameroun, soit moins de 20 % seulement, avaient terminé leur procédure d'inscription. ». Cela signifie aussi qu'à ce moment il y avait au moins 18 375 potentiels adhérents de CGA sans compter les autres brasseurs comme l'Union camerounaise des Brasseries (UCB), la GUINNESS, etc.

Selon le MINPMEESA, jusqu'en mars 2019, on comptait 10 224 adhérents de CGA sur toute l'étendue du territoire national[154].

---

151 MINEPAT, *Plan de modernisation des finances publiques du Cameroun : Revue de mise en œuvre 2009-2012*, p. 15.

152 *Brochure de la 4e édition des caravanes de sensibilisation sur les CGA*, p. 11.

153 DGI, *Rapport annuel 2016*, p. 65.

154 Voir infra tableau n° 14, partie 2, chap. 1, section 1, § 2, A, 2, a.

Au cours de notre entretien en octobre 2019, le directeur du CGA-CCIMA, branche de la région du Centre, nous a expliqué qu'il y a environ 300 adhérents dans tous leurs centres répartis sur l'étendue du territoire national. Ceci n'est pas très loin des 287 adhérents du CGA-CCIMA communiqués au MINPMEESA en mars 2016.

Sur 11 promoteurs ayant reçu notre questionnaire sur google forms, un seul l'a rempli en nous indiquant qu'il enregistre plus de 500 adhérents dans son centre.

Par ailleurs, bien qu'aucun chiffre n'ait été avancé, le MINPMEESA n'a pas caché son insatisfaction au sujet des résultats obtenus à propos des CGA. Le MINPMEESA relève que : « Malheureusement, il apparaît que ces structures sont très peu connues des PME ; de même que la collaboration entre les CFCE et le CGA qui devrait pourtant faciliter l'accompagnement et la structuration des PME n'est pas visible. La stratégie de sensibilisation des promoteurs à travers les caravanes est porteuse, mais devrait s'intensifier. »[155]

b. Un important désistement d'adhérents aux CGA

Le promoteur évoqué ci-dessus nous révèle aussi dans ledit questionnaire qu'il y a plusieurs adhérents qui ne sont plus actifs ou qui se sont désistés. Ils sont au nombre d'environ 200[156].

Au cours d'un entretien, l'un des responsables d'un autre CGA nous a confié que la plupart de leurs adhérents sont des exploitants de débits de boissons, mais de plus en plus, ils se désistent de façon massive. Ce responsable pense que cette vague de désistement s'explique par le fait que la

---

[155] Annuaire statistique des PMEESA 2019, septembre 2020, p. 11.
[156] *Ibid.*

SABC qui est leader[157] dans le secteur brassicole au Cameroun gère mal les précomptes sur achats retenus à la source dans leur entièreté. Sachant que la loi a prévu un abattement de 50 % sur ce précompte, la SABC devrait rétrocéder les 50 % perçus en trop à tous les clients ayant subi cette retenue. Or, elle reversait ces 50 % de précompte sur achats à certains clients, mais pas à d'autres, sans aucune explication valable. Cette rétrocession supposée être effectuée depuis juin 2019 était toujours indisponible jusqu'au 13 novembre 2019, date à laquelle nous avions cet entretien. Après moult requêtes, la SABC leur dit qu'elle a remis l'argent aux grossistes et que les semi-grossistes et détaillants devraient se rapprocher de ceux-là. Les grossistes quant à eux disent qu'ils n'ont rien perçu et que les semi-grossistes et détaillants devraient aller s'enquérir auprès de leurs CGA. Ce même jour, lorsque nous sommes allés à la rencontre d'un promoteur de CGA, un adhérent s'est présenté et voulait savoir ce qu'il en était de ses précomptes.

2. Les promoteurs de CGA

Autant quelques CGA ont été créés (a), autant certains ont sombré (b).

a. Une faible création de CGA

Dès le 3 mars 2010, il y a eu le lancement officiel des activités, non pas de deux CGA comme prévu dans le décret n° 2000/002/PM du 6 janvier 2000, mais plutôt de trois CGA pilotes à Douala dans la salle de conférence du

[157] https://www.journalducameroun.com/un-nouveau-dg-a-la-tete-des-brasseries-du-cameroun/, consulté le 16 novembre 2019. Les Brasseries du Cameroun contrôlent 78% du marché de la bière au Cameroun, très loin de la multinationale britannique Diageo à travers GUINNESS Cameroun avec 14,4%, le reste revenant aux producteurs locaux à l'instar d'UCB qui a 7,2%.

GICAM par le ministre délégué chargé du budget au ministère des Finances et madame le secrétaire général du MINPMEESA[158]. Il s'agissait du CGA-CCIMA, CGA de la Fédération nationale des Associations de PME (FENAP) et du CGA du cabinet AUDITEC CONSULTING & KOUSOK Thomas plus connu sous le nom de CGA KOUSOK Thomas[159]. En 2011, il y a eu la création de trois autres[160] CGA à Bamenda, Bafoussam et Garoua. En 2014, on comptait huit CGA fonctionnels dans tout le Cameroun. La note du DGI du 2 mars 2015[161] nous permet de comprendre qu'en réalité seuls trois CGA fonctionnaient effectivement à ce moment.

Le tableau qui suit nous présente les différents CGA créés jusqu'en 2016 :

---

[158] ABS-international, *Centre de Gestion agréé : guide de l'entrepreneur*, précité, p. 5.

[159]http://www.cabinet-thomaskousok.com, consulté le 16 novembre 2019. Le cabinet Thomas 2K & Partners, conseil fiscal agréé CEMAC dont le fondateur est M. KOUSOK Thomas, est institué CGA par arrêté n° 00000139/MINFI/DGI/LC/L du 9 mars 2009 et renouvelé par l'arrêté n° 00000176/MINFI/DGI/LC/L du 25 octobre 2012.

[160]INS, *Répertoire et démographie des entreprises modernes en 2016*, 4e édition, août 2018, pp. 28-29.

[161] Note n° 1299/MINFI/DGI/LRI/L du 2 mars 2015 relative à l'application des dispositions de l'article C 12 du CGI. Le DGI rappelait aux chefs de centres régionaux des impôts que l'exonération de la patente pour la deuxième année est conditionnée par l'adhésion à un CGA matérialisée par la présentation d'une carte d'adhésion signée du promoteur. Il précisait que trois CGA sont effectivement fonctionnels notamment : CGA CCIMA, CGA FENAP, CGA KOUSOK Thomas.

Tableau 13 : Liste des CGA jusqu'en 2016

Raison sociale	Sigle	Région	N° Agrément	BP	Téléphone
Cabinet Auditec consulting et Kousok Thomas	K2K	Centre	0176/MINFI/DGI/LC/L du 25 octobre 2012	7748	679842634/ 222221167/ 699938950
Cabinet Managis Consulting	CMC	Centre	0174/MINFI/DGI/LC/L du 25 octobre 2012	12 873	
Délégation régionale de la CCIMA du Centre	CCIMA	Centre	0472/MINFI/DGI du 16 décembre 2014		
Délégation régionale de la CCIMA de l'Est	CCIMA	Est	0473/MINFI/DGI/LC/L du 18 décembre 2014		
Délégation régionale de la CCIMA de l'Extrême-nord	CCIMA	Extrême-nord	0471/MINFI/DGI/LC/L du 16 décembre 2014		
Cabinet FISCA comptable conseil	CFCC	Littoral	0173/MINFI/DGI/LC/L du 25 octobre 2012	3121	699598879
Délégation régionale de la CCIMA du Littoral	CCIMA	Littoral	0175/MINFI/DGI/LC/L du 25 octobre 2012	4011	676552623/ 33426787
Délégation régionale de la CCIMA du Nord	CCIMA	Nord	0475/MINFI/DGI du 16 décembre 2014		
Délégation régionale de la CCIMA du Nord-ouest	CCIMA	Nord-ouest	0471/MINFI/DGI du 16 décembre 2014		
Délégation régionale de la CCIMA de l'Ouest	CCIMA	Ouest	0171/MINFI/DGI/LC/L du 25 octobre 2012		
Délégation régionale de la CCIMA du Sud	CCIMA	Sud	0474/MINFI/DGI du 16 décembre 2014		
Délégation régionale de la CCIMA du Sud-ouest	CCIMA	Sud-ouest	0172/MINFI/DGI/LC/L du 25 octobre 2012		
Fédération Nationale des Associations des PME	FENAP	Littoral		12615	33426787
Confédération Camerounaise des PME	COPME	Centre			242020567 / 679539393
Organisation Patronale des Syndicats des Transporteurs	OPSTAC	Centre		15458	694603060
Syndicat National des Exploitants des débits de Boissons	SYNDEBOC	Centre		14947	691972965
Cabinet LeadersidePartners		Centre		12873	699849898
Cabinet FUEOSSEU Jean Paul		Centre		30819	699598879
Association des Commerçants et Artisans de l'Extrême-Nord	ACAEN	Extrême-Nord			

Source : MINPMEESA

En 2016, on passait à 19 CGA, dont 9 CGA détenus par la CCIMA dans toutes les régions du Cameroun à l'exception de l'Adamaoua comme nous pouvons le voir dans le récapitulatif précédent.

Au 31 décembre 2016, on dénombrait 23 CGA[162]. En 2017, cinq nouveaux agréments ont été délivrés aux CGA sur sept demandes enregistrées auprès de la commission consultative[163]. L'un des cadres à la CSRFD[164] nous a fait

162 DGI, *Rapport annuel 2016*, p. 65.
163 DGI, *Rapport annuel 2017*, p. 87.
164 Siège de la DGI à Yaoundé, porte 400.

savoir qu'au moins trois agréments ont été attribués aux promoteurs de CGA sur la base d'une fiche[165] navette d'évaluation des candidatures des CGA. Selon les informations que nous avons recueillies à la DGI, il n'y a eu aucune demande sérieuse d'agrément de janvier à novembre 2019.

Soulignons qu'auparavant, il était délivré un agrément pour autant de branches créées par le même CGA comme c'était le cas avec le CGA-CCIMA dans le tableau ci-dessus. Mais désormais, ce n'est plus ainsi. Le directeur du CGA CCIMA, branche du centre, nous a d'ailleurs expliqué que depuis 2018, le CGA-CCIMA a le même agrément pour toutes ses branches dans le Cameroun.

Selon les statistiques dans le tableau ci-dessous que le MINPMEESA a communiquées au cours de la 4e édition des caravanes de sensibilisation sur les CGA à Garoua et Ngaoundéré, jusqu'en mars 2019, il existait 14 CGA et 42 agences régionales opérationnelles.

---

[165] Exploitation de la fiche navette d'évaluation des candidatures des CGA.

Tableau 14 : Les CGA en chiffres

DENOMINATION DU CGA	ANNEE D'OBTENTION DE L'AGREMENT	LOCALISATION DE L'AGENCE PRINCIPALE	NOMBRE D'AGENCE REGIONALES OPERATIONNELLES	LES DIFFERENTES AGENCES REGIONALES	NOMBRE D'ADHERENTS AU 30 MARS 2019	SECTEURS D'ACTIVITES DES ADHERENTS
SYNEDEBOC	2016	YAOUNDE	8	YAOUNDE, DOUALA, BAFOUSSAM, GAROUA, KRIBI, BERTOUA, BAMENDA, MAROUA	4 223	Brassicole et prestations de services
KOUSSOK	2009	YAOUNDE	4	DOUALA, BAFOUSSAM, GAROUA, BAMENDA	2 961	Brassicole, Microfinance, Commerce, Agro-alimentaire, Prestations de services
CGA FUOSSEU	2016	BERTOUA	4	BERTOUA, YAOUNDE, DOUALA, BAFOUSSAM	329	Brassicole, Commerce générale, Agro-alimentaire, Tourisme
Association Commerçants et Artisans de l'Extrême-Nord (ACAEN)	2016	MAROUA	1	MAROUA	441	Commerce, Prestation de services
PAJO	2017	YAOUNDE	1	DOUALA	30	BTP
OPSTAC	2016	YAOUNDE	1	YAOUNDE	150	TRANSPORT
NGALEUMO	2017	DOUALA	5	DOUALA, YAOUNDE, BAFOUSSAM, KRIBI, GAROUA	211	Commerce, Education, Prestation de services
ACDC	2017	YAOUNDE	4	YAOUNDE, DOUALA, BAFOUSSAM, AMBAM	146	Commerce, Prestation de services, Brassicole, BTP, Consulting
COPME	2017	YAOUNDE	1	YAOUNDE	1063	Commerce, Prestation de services
LEADERSIDE	2017	YAOUNDE	1	YAOUNDE	51	Commerce, Prestation de services
CCIMA	2009	DOUALA	10	TOUS LES CHEFS LIEUX DE REGIONS	287	Commerce, Prestation de services
FISCA COMPTA	2014	DOUALA	1	DOUALA	500	Commerce, Prestation de services
CGA APECO	2017	BAFOUSSAM	1	BAFOUSSAM	32	Commerce général et prestations de service
TOTAL			42		10 224	

Source : MINPMEESA

Nous ne comprenons pas pourquoi le CGA CCIMA de Douala continue de figurer sur cette liste de CGA fonctionnels alors que ce CGA est presque inexistant depuis au moins l'an 2018. Ce CGA n'est plus dans son ancien local depuis fin 2018 lors de notre visite. Les nouveaux occupants nous avaient redirigés vers la délégation régionale de la CCIMA. Nous y avions rencontré la secrétaire régionale de la CCIMA Littoral qui nous expliquait que la CCIMA serait honorée d'avoir une personne compétente et disponible pour gérer le CGA CCIMA du Littoral, car l'ancien responsable résidait désormais à Yaoundé. Le 6 février 2020, nous avons voulu savoir si la situation s'est améliorée. Au cours d'un nouvel entretien avec elle, à la question de savoir si le CGA CCIMA Littoral est situé dans l'enceinte de la délégation régionale de la CCIMA, elle nous a répondu avec hésitation en disant que l'ancien responsable du CGA ne réside plus à Douala, mais qu'il y a l'un de ses collaborateurs qui s'occupe des PME. Nous en déduisons que le CGA CCIMA Littoral n'est plus fonctionnel comme c'était le cas en 2010 d'autant plus qu'il n'y a plus d'enseigne sur laquelle devrait être marqué CGA CCIMA. Le pire c'est que ce CGA CCIMA est indiqué comme l'agence principale dans ce tableau n° 15.

Étant donné qu'avec un seul agrément on a le droit de s'étendre dans d'autres régions, on ne comprend pas pourquoi la branche du Littoral du CGA CoPME ne figure pas dans la liste des CGA fonctionnels au Cameroun. Pourtant, il a une enseigne sur laquelle est marqué le nom dudit CGA et a les équipements nécessaires pour l'exercice normal de son activité depuis au moins l'an 2018. Par conséquent, nous remettons en cause ces informations compilées par le MINPMEESA.

Nos recherches révèlent qu'il y avait deux CGA connus de la DGI, mais méconnus du MINPMEESA : le CGA Optimum Management, le CGA FICAC.[166] Par ailleurs, le centre de gestion Cabinet Conseil NTOWA & Partners qui

---

[166] Exploitation de la fiche navette d'évaluation des candidatures des CGA par la DGI.

a pourtant un agrément[167] ne figure pas dans cette liste publiée par le MINPMEESA. Le CGA GROUPE FISCAL.COM quant à lui n'était ni connu par la DGI ni par le MINPMEESA. En effet, en novembre 2019, lorsque nous avions informé les cadres de la CSRFD à la DGI, ils avaient mené des recherches, mais nulle part ils ne retrouvaient le CGA « GROUPE FISCAL.COM ». L'un d'eux a dû contacter ce CGA à travers les numéros qui figuraient sur le prospectus que nous leur avions remis pour avoir confirmation de ce que le CGA « GROUPE FISCAL.COM » avait bel et bien un agrément[168]. De même, la responsable[169] des questions liées aux CGA au MINPMEESA était très surprise à la vue de ce flyer.

Pour la première fois en 2020, la DGI a publié le fichier des adhérents des CGA[170] conformément à la nouvelle réglementation. Nous en avons fait un récapitulatif dans le tableau n° 15 ci-après :

[167] Agrément n° 00607 MINFI/DGI du 12 décembre 2017. Le CGA Cabinet Conseil NTOWA & Partners est situé à Bonamoussadi près du snack JC.
[168] Exploitation du prospectus du CGA GROUPE FISCAL.COM.
[169] Bureau de la Responsable des questions liées aux CGA, porte n° 241 au MINPMEESA (Immeuble rose à Yaoundé).
[170] https://www.impots.cm/index.php/fr/actualites/fichier-des-adherents-des-centres-de-gestion-agrees-cga, consulté le 25 mars 2020.

Tableau 15 : Récapitulatif du fichier des adhérents des CGA du 1er trimestre 2020

DENOMINATION DU CGA	NOMBRE D'ADHERENTS		REGIME D'IMPOSITION	SECTEUR D'ACTIVITE DES ADHERENTS
	MINPMEESA (30 MARS 2019)	DGI (15 JANVIER 2020)		
SYNEDEBOC	4 223	4 053		
KOUSOK	2 961	1 930		
CGA FUOSSEU	329	186		
Association Commerçants et Artisans de l'Extrême-Nord (ACAEN)	441	297	5 174 adhérents sont assujettis à l'impôt libératoire soient 78,24%	5 960 adhérents ont des activités liées au secteur brassicole soient 90,13%
NGALEUMO	211	46		
ACDC	146	75		
CCIMA	287	13		
CGA FISCA.COM		13		
TOTAL	8 598	6 613		

Au regard de ce tableau, on constate que c'est peut-être grâce à notre passage à la DGI que le CGA FISCA.COM figure désormais dans leur base de données. Nous rappelons que ce CGA n'était connu ni par le MINPMEESA ni par la DGI en novembre 2019. Figurant pourtant dans la base de données du MINPMEESA, les CGA suivants n'apparaissaient[171] pas dans celle de la DGI : PAJO, COPME, FISCA COMPTA, APECO, LEADERSIDE, OPSTAC. Pour avoir des explications sur cette situation, nous nous sommes rapprochés de la DGI qui nous a répondu promptement que seules les informations de leur base de données font foi. Nous avons aussi relevé que le CGA Cabinet Conseil NTOWA & Partners qui a pourtant

---

[171] https://www.impots.cm/index.php/fr/actualites/fichier-des-adherents-des-centres-de-gestion-agrees-cga, consulté le 25 mars 2020.

un agrément ne figurait ni dans la base de données du MINPMEESA ni dans celle de la DGI. Bien que le CGA Broad Range Consulting Group[172] ait obtenu son agrément le 28 janvier 2020, il ne figure pas dans la liste des CGA reconnus par la DGI.

Pour tenter de comprendre pourquoi certains CGA figurent dans la base de données de la DGI et d'autres pas, nous avons d'abord pensé qu'il se pourrait que la condition sine qua non soit de figurer d'abord dans le fichier des contribuables en ligne. Mais grande a été notre surprise lorsque nous nous rendons compte que les CGA ACDC, FUOSSEU, ACAEN et SYNEDEBOC qui apparaissent pourtant dans la liste des CGA reconnus par la DGI, ne figurent pas dans le fichier des contribuables de février 2020. Par ailleurs, bien que les cabinets APECO et FICAC apparaissent dans le fichier des contribuables de février 2020, ils ne figuraient pas dans la liste des CGA reconnus par la DGI consultée le 25 mars 2020. Interrogée au sujet de ces omissions, la DGI nous a répondu par un silence assourdissant. Le CGA Broad Range Consulting nous a quant à lui expliqué que leur absence de la liste est probablement due au retard de mise à jour par la DGI.

Le lundi 11 mai 2020, nous avons à nouveau consulté le fichier des adhérents de CGA qui nous a permis de noter l'apparition de nouveaux CGA pris en compte par la DGI comme nous pouvons le voir dans le tableau n° 16 suivant :

[172] Agrément n° 00000048/MINFI/DGI du 28 janvier 2020.

Tableau 16 : Récapitulatif du fichier des adhérents des CGA du 11 mai 2020

DÉNOMINATION DU CGA	NOMBRE D'ADHÉRENTS	
	DGI (15/01/2020)	DGI (11 MAI 2020)
SYNEDEBOC	**4 053**	**4 503**
KOUSOK	**1 930**	**2 237**
CGA FUOSSEU	**186**	**186**
Association Commerçants et artisans de l'Extrême-nord (ACAEN)	**297**	**52**
NGALEUMO	**46**	**46**
ACDC	**75**	**111**
CCIMA	**13**	**40**
CGA FISCA.COM	**13**	**62**
CCN		**21**
NGUEULEMO		**60**
OPSTAC		**32**
CGA ACAEN		**297**
FICAC		**216**
OPTIMUM MANAGEMENT		**33**
COPME YAOUNDÉ 1		**450**
TOTAL	**6 613**	**8 346**

Ce tableau montre que la DGI est encore en train d'insérer les noms des CGA et de leurs adhérents. Cela aurait dû être fait depuis l'annonce de la disponibilité de cette liste dans l'arrêté n° 00000009/MINFI/SG/DGI du 15 janvier 2020. Malheureusement, cette lenteur crée plusieurs désagréments. Le CGA COPME par exemple en a été une victime, car plusieurs de ses adhérents se sont plaints du préjudice subi au niveau de l'abattement de 50 % sur le précompte sur achats. En effet, les nouvelles dispositions prévoient que les sociétés brassicoles ou distributeurs grossistes habilités à opérer ledit abattement doivent se référer à la liste publiée par la DGI sur son site web avant d'accorder cela. Étant donné qu'il y a encore plusieurs CGA absents de ce fichier en ligne, nous entrevoyons encore de virulentes contestations de la part de certains adhérents discriminés malgré eux.

Par ailleurs, nous remarquons dans ce tableau des noms et nombres d'adhérents du CGA ACAEN qui prêtent à confusion dans le fichier du 11 mai 2020. Ce CGA se retrouve avec deux noms : ACAEN (52 adhérents) et CGA ACAEN (297 adhérents).

En plus du CGA COPME, nous notons l'apparition de cinq CGA dans ce tableau notamment : CCN, NGUEULEMO, OPSTAC, FICAC et OPTIMUM MANAGEMENT. Cependant, nous sommes étonnés de savoir que le CGA COPME figure dans cette nouvelle liste de la DGI alors qu'il n'apparaissait pas dans le fichier des contribuables d'octobre 2019 ni celui de février 2020 que nous avions consultés. Espérant peut-être que ce CGA figure dans le fichier des contribuables sous un nom commercial, l'un des responsables du CGA COPME nous a dit qu'ils n'ont pas un autre nom. De même, nous avons relevé que le CGA APECO est toujours absent du fichier des CGA. Pourtant, il figurait dans le fichier des contribuables de février 2020.

Quant à CCN, nous pensons qu'il s'agit du Cabinet Conseil NTOWA qui fait enfin son apparition dans le fichier des CGA malgré le fait qu'il soit toujours absent du fichier des contribuables publiés par la DGI.

En fin de compte, nous avons dénombré 18 CGA alors que les chiffres officiels faisaient état de 13 du côté du MINPMEESA et de 15 à la DGI. Au regard de ces informations disparates, il est difficile de dire avec exactitude le nombre de CGA existant au Cameroun à l'heure actuelle.

b. Les CGA ayant cessé leurs activités

Au regard des données évoquées ci-dessus, le CGA Managis Consulting qui avait pourtant obtenu son agrément le 25 octobre 2012 a cessé ses activités puisqu'il ne figure plus sur la liste la plus récente des CGA communiquée par le MINPMEESA et ne figure pas non plus sur celle de la DGI. Le CGA FENAP qui faisait pourtant partie des trois centres pilotes ayant bénéficié des financements de l'Union européenne a aussi disparu de cette liste. De même, après notre passage au siège du CGA KOUSOK Thomas à Yaoundé, l'un des responsables nous a fait savoir qu'à cause de la crise anglophone, leur branche de Bamenda ne fonctionne plus.

Par ailleurs, nous avons remarqué que le CGA-CCIMA du Littoral qui faisait aussi partie des centres pilotes fonctionne désormais au ralenti. Au début, ce CGA avait un local propre à lui à Douala-Bonanjo, à la rue Clemenceau avec son enseigne. Aujourd'hui, ce CGA a déserté ce lieu pour se confiner dans la délégation régionale de la CCIMA Littoral sans aucune affiche à l'extérieur comme c'était le cas autrefois. Cet écriteau permettait d'orienter plus facilement les potentiels adhérents. Malheureusement, de nombreuses personnes continuent à croire que ce CGA est encore logé à cet endroit avec la présence jusqu'à l'heure actuelle de cette pancarte à ladite rue. Conformément à la réglementation, un CGA fonctionnel devrait signaliser le centre par une enseigne en caractères apparents en français et/ou en anglais.[173] Or, nous n'avons vu aucune enseigne de CGA CCIMA ni à Douala ni à Yaoundé. D'ailleurs, le fichier[174] des adhérents des CGA nous montre que le CGA CCIMA n'est désormais présent que dans les régions du Sud et de l'Adamaoua. Nous concluons donc que les

---

[173] Cahier des charges des CGA, art. 12.

[174] http://fiscalis.dgi.cm/, consulté le 11 mai 2020.

branches CGA CCIMA du Littoral et du Centre ne sont plus fonctionnelles.

B. Une insuffisante amélioration de la gouvernance financière

La gouvernance en entreprise demeure marquée par l'absence de culture en matière de pratique d'une comptabilité conforme.

Graphique 1 : Tenue de la comptabilité

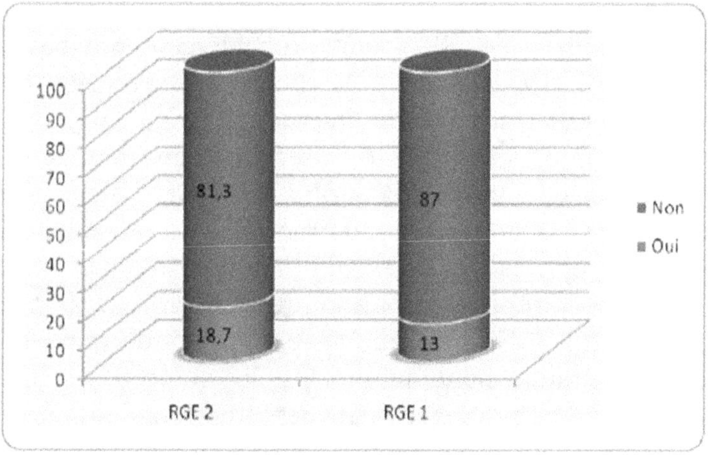

Source : INS

En effet, en dépit du léger mieux observé dans la tenue de comptabilité écrite dans les entreprises, celle-ci demeure un souci dans la mesure où huit entreprises sur dix selon l'INS ne respectent pas cette obligation légale comme nous pouvons le voir dans le graphique ci-dessus[175].

Sans préciser si ce sont les PME ou GE, l'INS nous informe juste que parmi les entreprises qui tiennent une

[175] INS, *Deuxième recensement général des entreprises en 2016 (RGE-2) : rapport principal*, précité, p. 16.

comptabilité écrite, moins de 3 % sont affiliées à un cabinet comptable ; d'où le faible taux de couverture enregistré en matière de remplissage des DSF de la part des entreprises qui se situe à 14,2 % en 2016 contre 13,3 % en 2009[176]. Par secteur d'activité, le respect des obligations comptables est beaucoup plus observé dans les activités de transport, de banques et assurances, de sylviculture et d'exploitation forestière. En revanche, les autres activités manufacturières (confection, menuiserie, scierie, soudure métallique, etc.) et les activités de commerce ne tiennent presque pas de comptabilité formelle[177].

Ces données de 2016 sont probablement proches de celles de 2019, car dans le fichier de contribuables d'octobre 2019 sur le site internet[178] de la DGI, cette dernière enregistre 65 536 entreprises au régime du simplifié et de l'impôt libératoire. Le DGI a quant à lui annoncé le 19 novembre 2019 qu'il y a actuellement 13 000 entreprises formelles au Cameroun (régime du réel et régime simplifié pour les professions libérales et les immobiliers)[179]. Sachant que les entreprises du régime de l'impôt libératoire sont toujours les plus nombreuses, on se rend à l'évidence que non seulement très peu d'entreprises sont connues du fisc au regard du nombre total d'entreprises

---

[176] *Ibid.*, p. 16.
[177] *Ibid.*, p. 58.
[178] http://fiscalis.dgi.cm/modules/immatriculation/Consultation/listecontribuable.aspx, consulté le 20 novembre 2019.
[179] Il a fait cette annonce dans un communiqué de presse. En relation avec la souscription en ligne de la télédéclaration des DSF au titre de l'exercice 2018, il disait qu'il attendait 13 000, mais 11 152 entreprises avaient déjà accompli ce devoir. De plus, on sait que la télédéclaration n'est possible à l'heure actuelle qu'aux entreprises du régime d'imposition du réel (celles qui ont à partir de 50 millions F CFA de CAHT) et celles des professions libérales et immobiliers.

en 2016, mais surtout très peu d'entreprises tiennent une comptabilité formelle qui conduit à l'élaboration de la DSF.

Au sujet de ces résultats, l'INS affirme que : « c'est une situation regrettable dans la mesure où le Gouvernement a mis en place depuis 2010 un cadre légal, à travers les CGA pour l'assistance en matière de gestion, d'accomplissement des obligations administratives diverses aux entreprises notamment en ce qui concerne la tenue de comptabilité ».[180]

Section 2 : Une appréciation des autres réalisations liées aux CGA

Avec l'avènement des CGA, on s'attendait d'une part à un accroissement de la valeur ajoutée des PME et une réduction de leur mortalité (§1). D'autre part, on vise une contribution plus accrue des PME en matière de recettes fiscales puisque le Gouvernement souhaite un retour sur investissement (§2).

§1. La création de richesse et la réduction de la mortalité des PME

Le MINPMEESA espérait une contribution de 50 % du PIB global de la part des PME (A) et le DSCE envisageait une réduction significative de la mortalité de la jeune PME (B).

A. La création de richesse par les PME

Sur le plan de la performance économique, les entreprises, tous types confondus, ont réalisé pour l'année 2015, un chiffre d'affaires (valeur totale des biens et services vendus au cours de cette année) estimé à la

[180] INS, *Deuxième recensement général des entreprises en 2016 (RGE-2) : rapport principal*, précité, pp. 16 et 57.

somme de 13 347 milliards de F CFA. Le graphique n° 2 ci-dessous présente la ventilation de ce chiffre d'affaires par type :

Graphique 2 : Poids de la PME dans l'économie suivant le chiffre d'affaires

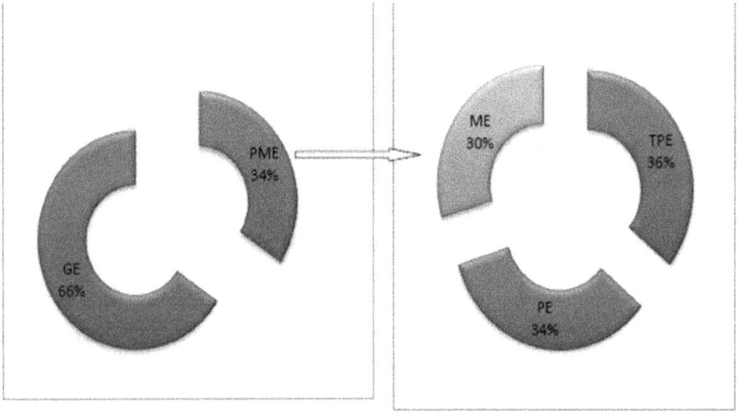

Source : INS

Au regard de ce résultat, bien que la contribution des PME au chiffre d'affaires global des entreprises ait connu une hausse, passant de 31,1 % à 34,0 % entre 2008 et 2015[181], cela reste très faible par rapport au taux de 50 % espéré par le MINPMEESA. Ce poids est inégalement réparti suivant les catégories qui constituent la PME. Les TPE, avec 79,2 % d'entreprises, réalisent un peu plus du tiers, soit 36 % du chiffre d'affaires des PME ; les PE avec 19,3 % d'entreprises ont une contribution proche de celle des PE ; enfin, les ME avec seulement 1,3 % d'entreprises y contribuent à hauteur de 30 %. Les GE (0,2 % du total des entreprises) réalisent quant à elles l'essentiel du CA, avec une contribution estimée à 66 %.[182]

[181] MINPMEESA, Annuaire statistique 2019, p. 10.

[182] INS, *Deuxième recensement général des entreprises en 2016 (RGE-2) : rapport principal*, précité, pp. 54-55.

L'analyse de ces chiffres d'affaires par secteur d'activité est présentée dans le tableau n° 17 ci-dessous :

Tableau 17 : Répartition du chiffre d'affaires par secteur d'activité

Secteur d'activité	Chiffre d'affaires (en millions de F CFA)						Evolution (%)	
	2009			2016				
	Total par secteur	Moyenne	%	Total par secteur	Moyenne	%	Sur la période	En moyenne annuelle
Primaire	328 809	1 158	3,2	378 823	1 108	2,8	+15,2	+2,0
Secondaire	3 502 701	300	34,3	3 976 441	125	29,8	+13,5	+1,8
Tertiaire	6 341 211	85	62,0	8 991 756	52	67,4	+41,8	+5,1
Non déclaré	52 307	40	0,5	0	0	0		
Ensemble	10 225 027	116	100,0	13 347 020	66	100,0	+30,5	+3,9

Source : INS

Il ressort de ce tableau que le secteur tertiaire est celui qui a connu la plus forte dynamique de création de richesse (+41,8 %). Toutefois, l'on n'oublie pas que cette situation est malheureusement plus liée à un foisonnement de très petites unités peu productives et constituant dans leur mode de fonctionnement, un facteur concurrentiel nuisible à l'émergence des unités plus modernes. Le constat qui se dégage est celui de la baisse du chiffre d'affaires moyen, quel que soit le secteur d'activité[183].

L'annuaire statistique des PMEESA de 2018 relève que malgré une évolution sans cesse croissante du nombre de PME, l'impact sur la richesse mesuré par le PIB n'est pas sensible. Le taux de croissance gravite autour de 5 % entre 2010 et 2017, s'écartant ainsi de la référence du DSCE 2010-2020. Cet annuaire indique que la croissance est portée par les secteurs tertiaires qui connaissent une forte expansion du secteur informel et que le total de la valeur ajoutée générée

[183] INS, *Deuxième recensement général des entreprises en 2016 (RGE-2) : rapport principal*, précité, p. 48.

par les entreprises modernes est évalué à 2 463,7 milliards de F CFA en 2015. La part de la PME y est évaluée à 14 %. En pourcentage du PIB courant de 2015, la contribution de la PME moderne est de 2,0 %[184].

Cette situation traduit le fait que la performance des PME est encore en deçà du potentiel souhaité[185] et remet en question l'efficacité des CGA depuis 2010. L'annuaire statistique du MINPMEESA de 2019 révèle en effet que l'écosystème entrepreneurial camerounais est constitué à 99,8 % des PME. Il précise que ces structures demeurent un véritable moteur pour la croissance, une source essentielle en matière de création d'emplois et de redistribution des richesses. Mais les PMEESA font face à plusieurs difficultés, lesquelles constituent de véritables obstacles qui les empêchent de jouer le rôle qui est le leur.[186]

B. La réduction de la mortalité des PME non avérée

Pour en savoir davantage au sujet de la disparition des PME, le résultat d'une étude menée sur le suivi de la mortalité des PME par le CAMERCAP-PARC nous renseigne dans le tableau n° 18 suivant :

---

[184] *Annuaire statistique des PMEESA 2018*, p. 35.

[185]Annuaire statistique des PMEESA 2019, pp. 10-11. En observant l'effectif des PME dans certains pays développés comme le Japon où ces structures occupent 99,7 % du tissu économique et contribuent à 52,9 %–au PIB, de même qu'en Chine où elles sont représentées à 98,8 % tout en contribuant à 60 % au PIB, il s'avère que les PME camerounaises ont encore du chemin. Dans ces pays développés, les PME sont représentées dans le secteur secondaire au moins à 43 % et au moins à 22 % dans le primaire comme en Chine. De plus, la contribution du secteur des services au PIB est significative. Par contre au Cameroun, les PME du secteur secondaire représentent 15,54 % de l'effectif total des PME, celles du secteur tertiaire venant en tête avec 84,27 % et la plupart de ces dernières se retrouvant dans un secteur tertiaire non productif.

[186]Annuaire statistique des PMEESA 2019, p. 1.

Tableau 18 : Taux de survie par année de création

Année	Taux (%)
2010	**32,35**
2011	**30,34**
2012	**22,42**
2013	**24,56**
2014	**26,66**
2015	**31,40**
Moyenne sur la période	**27,76**

Source : CAMERCAP-PARC

Il en ressort qu'au Cameroun, 72,24 % d'entreprises créées depuis 2010 sont inexistantes dans le fichier de la DGI (mai 2016). N'étant pas connue de l'administration fiscale, il est admis qu'une telle entreprise n'a pas d'existence légale, donc ne vit plus[187]. Ce tableau n° 18 montre qu'au mois de mai 2016, plus de sept entreprises sur dix créées de 2010 à 2015 n'ont pas survécu.

L'INS quant à lui précise dans le RGE-2 qu'en 2016, sur les 103 400 entreprises actives en début d'année du fichier des contribuables, 15 611 unités ont cessé leur activité au terme de l'année, soit un taux de cessation globale de 15,1 %. Par ailleurs, l'on note que les entreprises sociétaires ont le taux de fermeture le plus bas (10,2 %), plus

[187] INS, *Deuxième recensement général des entreprises en 2016 (RGE-2) : rapport principal*, précité, p. 54.

[187] CAMERCAP-PARC, *Suivi de la démographie des petites et moyennes entreprises au Cameroun : dispositif de suivi de la mortalité des PME*, précité, p. 2.

particulièrement celles de grande importance. En revanche, les entreprises individuelles sont les plus exposées[188]. Il convient de noter que le champ ne couvre pas les TPE qui en général sont des unités informelles difficiles à suivre par les services des impôts. Aux dires d'experts, ces entités se caractérisent par un renouvellement perpétuel, phénomène qui se traduit par des naissances massives, suivies très tôt de décès avant le premier, voire le deuxième anniversaire.[189]

Dans un autre rapport publié le 18 novembre 2019 sur une étude sur la mortalité des entreprises entre 2009 et 2016, l'INS explique que la taille de l'entreprise est l'un des déterminants fondamentaux de la mortalité des entreprises : elle semble être la variable qui influence le plus la mortalité. En effet, de 2009 à 2016, par comparaison avec les GE, une ME a près de 20 % de risques en plus de cesser ses activités. Ce risque supplémentaire est de 31 % pour une PE et 39 % pour une TPE[190]. Le graphique n° 3 ci-dessous montre la répartition des entreprises ayant cessé leurs activités selon la taille.

[188] Annuaire statistique des PMEESA 2019, p. 6. La forme juridique est l'une des raisons évoquées pour justifier cette mortalité précoce. D'après les résultats de ladite étude, les établissements (Ets) qui dominent largement cette catégorie présentent le taux de disparition le plus élevé (82 %). Ils sont créés à la circonstance ou à l'occasion sans véritable vocation d'entreprise et donc de durabilité.

[189] INS, *Deuxième recensement général des entreprises en 2016 (RGE-2) : rapport principal*, précité, p. 98.

[190] INS, *Deuxième recensement général des entreprises en 2016 (RGE-2) : rapport thématique sur la mortalité des entreprises,* Yaoundé, INS, mars 2019, p. 1.

Graphique 3 : Répartition des entreprises ayant cessé leurs activités selon la taille

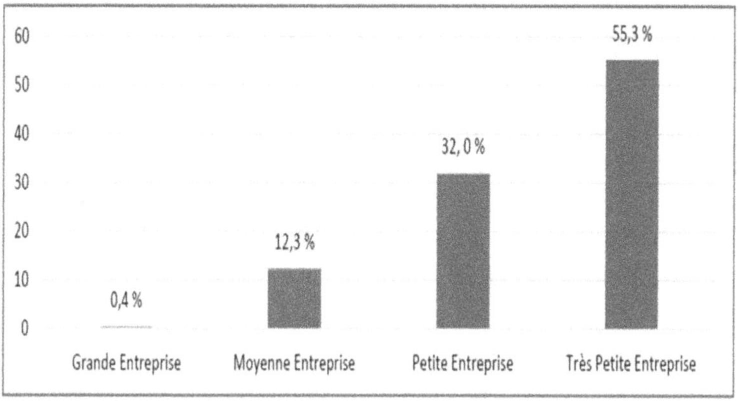

Source : INS

Il apparaît que les entreprises ayant cessé leurs activités sont dans leur quasi-totalité des PME. En effet, elles représentent 99,6 % des unités en cessation d'activité contre 0,4 % pour les GE. Au sein des PME, les TPE sont les plus nombreuses à cesser leurs activités, suivies des PE. Elles représentent respectivement environ 55,3 % et 32,0 % des PME ayant cessé leurs activités.[191]

Ces statistiques nous amènent à davantage remettre en question l'apport des CGA qui sont supposés être un dispositif de soutien des PE et TPE depuis 2010.

§2. Une non-évaluation des dépenses et recettes fiscales propres aux PME

Sur la base de ses recettes fiscales (B), le Gouvernement peut se permettre un certain nombre de dépenses (A), même

[191] INS, *Deuxième recensement général des entreprises en 2016 (RGE-2) : rapport thématique sur la mortalité des entreprises*, p. 16.

si le DSCE s'est montré réservé en ce qui concerne spécifiquement les chiffres liés aux PME.

A. Des dépenses fiscales propres aux PME non évaluées

Initiée en 2016, la première évaluation de la dépense fiscale, circonscrite à la TVA, avait pour but de recenser et mesurer l'impact des dispositions fiscales dérogeant au système fiscal de référence mis en place à titre de subvention[192]. En 2017, la deuxième évaluation a porté sur un champ plus large de la fiscalité indirecte incluant les droits d'accises et les droits de douane. Ce compte rendu de la DGI nous renseigne aussi qu'en 2017, les réformes de politique fiscale ont porté entre autres sur la maîtrise de la dépense fiscale[193]. Cependant, dans aucun de ces rapports, il n'est fait état d'une quelconque évaluation des dépenses fiscales concédées aux adhérents et promoteurs de CGA depuis 2010. Même les promoteurs de CGA rencontrés n'ont pas pu nous produire les chiffres, ne serait-ce que ceux concernant leur propre centre. Le rapport annuel de la DGI de 2018 ne fait non plus une évaluation liée aux CGA.

Dans le rapport de 2017, la DGI a pourtant mentionné une évaluation approfondie des dépenses fiscales liées à la loi du 18 avril 2013 fixant les incitations à l'investissement privé au Cameroun[194]. Ce mutisme pourrait traduire le fait que le Gouvernement est lui-même conscient de ce que les mesures dites incitatives pour les PME ou mesures de soutien pour les adhérents et promoteurs de CGA sont largement insignifiantes.

---

[192] DGI, *Rapport annuel 2017*, p. 72.
[193] DGI, *Rapport annuel 2017*, p. 72.
[194]DGI, *Rapport annuel 2017*, p. 73.

B. Une absence d'évaluation de recettes fiscales propres aux PME

Les informations produites par la DGI jusqu'à présent ne nous renseignent malheureusement pas sur les recettes fiscales provenant des PME, encore moins sur le degré de civisme fiscal des PME et leur évolution. Néanmoins, notons que selon la DGI, les réalisations de recettes fiscales non pétrolières de 2018 sont de 1 940,9 milliards de F CFA tandis que les objectifs 2018 étaient estimés à 1 912 milliards de F CFA. Le tableau n° 19 ci-dessous présente leur évolution.

Tableau 19 : Évolution des recettes fiscales non pétrolières du Cameroun de 2006 à 2018[195]

Unité : milliards de F CFA

	2006	2007	2008	2009	2010	2011	2012	2013	2014	2015	2016	2017	2018
Objectifs	722,0	799,0	867,0	961,0	908,0	1 002,0	1 076,0	1 214,0	1 240,0	1 403,8	1 565,0	1 719,0	1 912,0
Réalisations	748,1	809,7	853,0	827,0	855,7	988,0	1 053,0	1 230,4	1 387,1	1 588,9	1 615,6	1 790,4	1 940,9
Taux de réalisation	103,6%	101,3%	98,4%	86,1%	94,2%	98,6%	97,9%	101,4%	111,9%	113,2%	103,2%	104,2%	101,5%
Taux de croissance des réalisations	-	+8,2%	+5,3%	-3,0%	+3,5%	+15,5%	+6,6%	+16,9%	+12,7%	+14,5%	+1,7%	+10,4%	+8,4%

Il est certain que ces réalisations auraient été meilleures si les PME s'étaient mieux portées.

Il ressort des développements précédents que bien qu'il y ait eu des réalisations notables, les objectifs n'ont pas été atteints de façon générale comme le prévoyaient nos diverses sources et plus particulièrement le DSCE.

[195]DGI, *Rapport annuel 2018*, p. 38.

CHAPITRE 2 :

DES DISPOSITIONS IMPERTINENTES OU MAL APPLIQUÉES

L'existence d'une réglementation relative aux CGA est certes louable, mais son application n'est pas toujours effective (section 1). De même, les mesures dites incitatives semblent impertinentes (section 2).

Section 1 : Une mauvaise application de la réglementation relative aux CGA

Autant l'Administration (§2) viole la réglementation relative aux CGA, autant les autres acteurs de premier plan la piétinent (§1).

§1. Un non-respect de la réglementation par les parties prenantes dans les CGA

Après notre passage dans quelques CGA de la place, nous nous sommes rendu compte que plusieurs textes qui encadrent les CGA ne sont respectés ni par les adhérents (A), les promoteurs de CGA (B), ni par les sociétés brassicoles (C).

A. Un respect mitigé de leurs obligations par les adhérents

Certains adhérents aux CGA paient certes leurs droits d'adhésion, mais ne s'acquittent pas de leurs cotisations annuelles régulièrement comme il se doit.

Plusieurs adhérents ne transmettent pas à leur CGA dans les délais, toutes leurs factures et leurs documents commerciaux ainsi que toutes les informations nécessaires pour procéder aux déclarations fiscales. Ils ne mettent pas sur leurs documents à caractère commercial émis par eux, des indications ci-après : « membre de centre de gestion agréé ».[196]

B. Les abus orchestrés par les promoteurs

Dans un CGA de la place, ce qui tient lieu de charte de transparence et qui est supposé être en plus validé par un inspecteur des impôts, c'est un document utilisé comme un prospectus distribué aux potentiels adhérents de CGA.

Ce document donne l'impression qu'en payant les droits d'adhésion et cotisation annuelle, l'adhérent aura droit à tous les avantages qui y sont cités. La réalité est toute autre. Après avoir adhéré à ce CGA, un chapelet de frais qui n'ont rien à voir avec la grille qui figure sur ledit document est dû pour espérer bénéficier de tous les services cités. Pourtant, sur le prospectus du CGA-CCIMA, il est clairement mentionné que : « Les honoraires pour la tenue de la comptabilité sont distincts de la cotisation proprement dite. » Si ces frais ne sont pas payés par l'adhérent, ce CGA se limitera simplement à faire des télédéclarations mensuelles. Chaque démarche administrative nécessite des frais de transport à la charge de l'adhérent qui s'élèvent au minimum à mille (1 000) F CFA, quel que soit le trajet. Ces frais de transport ne figurent sur aucun document de ce CGA. La suite logique c'est que la majorité des adhérents bénéficient d'une assistance approximative, n'ayant pas les moyens de payer toutes ces prestations.

---

[196] Décret n° 2000/002/PM du 6 janvier 2000, précité, art. 7.

Les adhérents appartenant au régime simplifié[197] sont les plus exposés aux abus, car en plus des cotisations annuelles, ils doivent s'acquitter des frais de transport que nous avons évoqués plus haut pour leurs déclarations mensuelles. Puisque les CGA n'ont pas assez d'employés, ceux-ci vont corrompre[198] certains agents des impôts pour qu'ils s'occupent rapidement des déclarations fiscales. Les conséquences de cette pratique sont parfois désastreuses comme nous avons pu le constater lorsqu'un agent des impôts est resté sans nouvelle pendant plusieurs jours avec l'argent destiné au paiement des impôts de certains adhérents. C'est ainsi que plusieurs adhérents ont reçu des messages de l'administration fiscale leur disant qu'ils devaient payer certains frais avec pénalité. Évidemment, ils étaient surpris de constater ce désagrément parce qu'ils avaient versé l'argent dans les délais au CGA.

Entre ce qui est écrit sur le prospectus de CGA et la réalité, il y a manifestement un fossé. Durant les moments que nous y avons passés, nous n'avons pas vu une supervision par un conseil fiscal inscrit à l'ONCFC comme le prévoit la loi.

Nous avons constaté que ce CGA n'annexait pas la liste à jour de ses adhérents lors des déclarations mensuelles

---

[197] CGI, éditions 2020, art. 93 quater al. 2 : « *Relèvent du régime simplifié, les entreprises individuelles et les personnes morales qui réalisent un chiffre d'affaires annuel égal ou supérieur à dix (10) millions et inférieur à cinquante (50), à l'exception des transporteurs de personnes et des entreprises de jeux de hasard et de divertissement visés aux articles 93 septies et 93 octies.* ».

[198]Loi n° 2016/007 du 12 juillet 2016 portant Code pénal, art. 134 al. 1 : « *est puni d'un emprisonnement de cinq (5) à dix (10) ans et d'une amende de deux cent mille (200 000) à deux millions (2 000 000) de francs, tout fonctionnaire ou agent public national, étranger ou international qui, pour lui-même ou pour un tiers, sollicite, agrée ou reçoit des offres, promesses, dons ou présents pour faire, s'abstenir de faire ou ajourner un acte de sa fonction.* »

comme prévu par la législation. D'ailleurs, l'un des responsables des CGA à la DGI nous a révélé qu'aucun CGA ne fait ces déclarations mensuelles. L'un des promoteurs qui avaient rempli notre questionnaire avait également avoué n'avoir jamais respecté cette disposition.

Nous avons également découvert que ce CGA ne fait aucune distinction entre distributeur propriétaire des boissons et distributeur de boissons hygiéniques en relation directe avec les entreprises brassicoles lors de la détermination du chiffre d'affaires[199]. La conséquence c'est que ces derniers ont une patente et un acompte d'impôts plus élevés à payer. C'est probablement pour cette raison que ce CGA a mis sur pied une formule dans une feuille Excel qui fait des abattements illégaux à tous ses adhérents sans distinction. Peut-être que ce CGA aurait pu se passer de cette fraude si la formation des employés était de bonne qualité.

De même, nous avons constaté une violation flagrante de la réglementation dans un autre CGA de la place. Ledit CGA applique des tarifs supérieurs à ceux qui sont pourtant encadrés[200]. Par exemple, leur grille de prix qui nous a été remise prévoit que les adhérents appartenant au régime simplifié pour se faire assister doivent payer annuellement

---

[199] Circulaire n° 126/MINFI/DGI/LC/L du 9 avril 2008 précisant les modalités de détermination du chiffre d'affaires des distributeurs de boissons hygiéniques. Cette circulaire précise que pour la détermination du chiffre d'affaires des distributeurs de boissons hygiéniques en relation directe avec les entreprises brassicoles, il est tenu compte de la marge ainsi que des commissions, ristournes et autre revenu généré dans le cadre de cette activité. Toutefois, lorsqu'il est établi que le distributeur est propriétaire des boissons dont il assure la distribution, son chiffre d'affaires est constitué de la somme des ventes réalisées dans le cadre de cette activité. Aussi, la liquidation de la patente et de l'acompte d'impôt sur le revenu dudit opérateur doit être assise sur le chiffre d'affaires ainsi déterminé.

[200] Voir supra, partie 1, chap. 1, section 1, § 2, D, 1.

une somme de 250 000 F CFA et ceux du régime du réel 300 000 F CFA. Le pire c'est que la responsable dudit CGA, branche du Littoral, a précisé que ces montants représentent les planchers. Nous avons voulu comprendre le fondement juridique de leurs tarifs et cette responsable nous a montré un document[201] qui date de 2012. Malheureusement, ce document est désuet au regard des innovations intervenues dans la loi de Finances pour l'exercice 2016. Du fait de cette grave irrégularité, nous avons tenu informé le promoteur du CGA en question, mais cette personne n'a pas daigné nous répondre. Et comme si cela ne suffisait pas, ce CGA fait une confusion de termes. Au lieu de parler de droit d'adhésion, ce CGA parle d'inscription. Au lieu de parler de cotisation annuelle, il parle de droit d'adhésion. Au vu des faits relevés, soit ce CGA fait exprès d'appliquer ces prix élevés, soit il est carrément dans l'ignorance. Et s'il est ignorant, cela voudra dire que le promoteur dudit CGA qui est supposé être expert fiscal n'est pas informé des nouvelles dispositions fiscales. Nous en déduisons qu'un ignorant ne saurait assister un autre ignorant (adhérent).

C. Une super puissance pénalisante des sociétés brassicoles

Le directeur général de la SABC avait affirmé que ceux de leurs clients qui adhèrent aux CGA bénéficient de la rétrocession de leur PSA représentant 2,5 % du montant de leurs achats et simultanément avec les ristournes[202].

[201] ABS-international, *Centre de Gestion agréé : guide de l'entrepreneur*, précité.

[202] Hervé NANA, « Les clients répertoriés dans le fichier de la DGI et inscrits aux CGA percevront la totalité de leurs rétrocessions », précité, p. 7.

Pourtant, le MINFI avait instruit un abattement[203] de 50 % et non une rétrocession. Cela signifie que la SABC devait prélever plutôt 2,5 % et non 5 %. Avec cette façon de procéder, la SABC abusait de l'argent de ses clients et plombait ainsi leur trésorerie en retenant à la source 5 % au lieu de 2,5 % sur les achats faits par leurs distributeurs des régimes simplifiés et impôt libératoire. Bien qu'elle reversait ce taux de 2,5 % retenu indûment, nous avons constaté que ladite rétrocession s'effectuait après plusieurs mois. Cela n'était en rien équivalent à un abattement effectué instantanément au moment de l'achat de marchandises. Ces restitutions qui intervenaient longtemps après, s'accompagnaient de nombreux risques de confusion comme le disait le directeur général de la SABC lui-même : « L'erreur étant humaine, il n'est pas exclu qu'une méprise de notre part ait pu aboutir à la non-perception de leurs rétrocessions par certains de nos clients[204]. »

Nous avons eu un échange avec le promoteur du CGA ACDC (Association camerounaise pour la Défense des Droits des Contribuables) qui nous a fait part des récriminations au sujet de la non-perception de cette rétrocession par leurs adhérents. Il avait d'ailleurs publié un communiqué de presse le 8 février 2019 pour inviter les contribuables réclamant le remboursement de leurs précomptes sur achat prélevés injustement à se rapprocher d'eux. Il avait précisé que cela concernait tous les distributeurs de boissons, peu importe le CGA auquel ils appartenaient parce qu'à la base, l'ACDC est une association pour la défense des droits des contribuables. À

---

[203] Arrêté n° 00002/MINFI/SG/DGI du 5 janvier 2017, fixant la liste des grandes entreprises habilitées à appliquer un abattement de 50 % sur la base de calcul du précompte sur achats de leurs distributeurs adhérant aux CGA, art. 1er.

[204] Hervé NANA, « Les clients répertoriés dans le fichier de la DGI et inscrits aux CGA percevront la totalité de leurs rétrocessions », p. 8.

cet effet, le CGA ACDC avait initié une action de rétrocession pour les laissés pour compte.

En 2017, au sujet de cet abattement de 50 % sur les précomptes sur achats, le directeur de publication du magazine « la voix du Barman » disait que : « cette forte formule a flatté les exploitants des débits de boissons à la recherche d'une marge bénéficiaire, d'une plus-value pour tenir les charges. Ils se sont donc massivement inscrits dans le CGA en déboursant encore la forte somme de XAF[205] 75 000 pour avoir un espoir de percevoir les précomptes à la fin du trimestre en vain. Car, rendu au quatrième mois de l'année 2017, le paiement des CGA n'est qu'un leurre pour les exploitants des débits de boisson. Un bluff. »[206] Il lançait déjà l'alerte lorsqu'il préconisait un dialogue franc et sincère entre les sociétés brassicoles, les exploitants des débits de boisson et le CGA. À défaut de cela, les exploitants de débits de boisson feraient banqueroute. Heureusement, ce syndicat a finalement été entendu. Le 1er avril 2020 marque la date d'entrée en vigueur des nouvelles résolutions[207] prises par la SABC pour réduire considérablement les problèmes liés à l'abattement de 50 % sur le précompte sur achats.

§2. Un non-respect de la réglementation par l'Administration

Le MINFI (A) et le MINPMEESA (B) ont des obligations envers les CGA qu'ils ne remplissent pas toujours.

---

205 Franc CFA de la Banque des États de l'Afrique centrale (BEAC).
206 Hervé NANA, « Non-paiement des précomptes : le grand bluff de la DGI et des CGA », précité, p. 3.
207 Voir les décisions concernant le PSA à partir du 1er avril 2020.

A. Un non-respect de la réglementation par le MINFI

Le MINFI avait prescrit une étude[208] en vue d'identifier les obstacles au développement des CGA en 2014. Néanmoins, l'un des responsables de la gestion des CGA à la DGI, démembrement du MINFI, nous a fait savoir que le cahier des charges n'est plus remis aux CGA comme cela aurait dû être fait. La conséquence est que les agréments sont renouvelés non pas sur la base de l'exécution des clauses du cahier des charges, mais sur de simples présomptions. Cela signifie aussi que certains CGA ne disposent pas de manuels de procédures. Pourtant, un manuel a été élaboré par le cabinet ABS-International à la faveur de l'appui financier de l'Union européenne à travers le Programme d'Appui et de Soutien à l'Accord de Partenariat économique (PASAPE). Et ce cabinet disait : « On peut adhérer à un CGA de son choix dans la mesure où tous les CGA sont soumis au même type de fonctionnement grâce à un même manuel de procédures qui leur est soumis[209]. » Ce manuel est un outil de référence à la fois opérationnel et pédagogique pour la conduite des opérations des CGA[210].

Par ailleurs, nous avons aussi constaté que certains agréments sont délivrés par le MINFI sans l'avis de la commission consultative comme prévu par la loi. Nous avons rencontré le représentant de la CCIMA qui est un membre de ladite commission qui s'offusquait de cette situation. C'est justement ce qui explique le fait que le MINPMEESA ne soit pas au courant de l'existence de tous les CGA. Le fait que ce soit nous qui informions la DGI et

---

[208] Décision n° 000154/MINFI/DGI du 5 mars 2014 relative à l'étude sur l'identification des obstacles au développement des CGA.

[209] ABS-international, *Centre de Gestion agréé : guide de l'entrepreneur*, précité, p. 17.

[210] ABS-international, *Centre de Gestion agréé : manuel de procédures*, Douala, avril 2012, p. 2.

le MINPMEESA de l'existence de certains CGA démontre à suffire que les procédures de délivrance des agréments ne sont plus respectées.

Notons également qu'il existe une faible collaboration entre les services fiscaux et les CGA, car il arrive très souvent que les centres des impôts en viennent à renvoyer des déclarations fiscales introduites par ces CGA, en leur exigeant de revoir le chiffre d'affaires de leurs adhérents à la hausse.[211] Pourtant, les CGA sont supposés bénéficier d'une grande crédibilité surtout avec l'assistance d'un inspecteur des impôts en leur sein comme prévu par la réglementation. Cela démontre aussi que ces inspecteurs ne font pas encore leur travail d'assistance aux CGA. On espère que la désignation des inspecteurs assistants auprès des CGA le 11 septembre 2020 apportera un changement significatif.

Cependant, cette décision révèle de façon flagrante que le MINFI n'a pas fait la moindre évaluation des CGA comme c'était supposé être le cas tous les trois ans. En effet, ladite décision contient encore tous les noms des CGA que nous avons considérés comme inexistants. Au regard de cette situation, nous avons contacté celui qui était l'un des coordonnateurs du CGA FENAP, il nous a confirmé le jeudi 22 octobre 2020 que le CGA FENAP n'existe plus depuis. Il a précisé que le CGA FENAP a été transformé en CGA NGALEUMO René & Partners (NRP). Cela veut dire que le MINFI aurait dû enlever le CGA FENAP et garder seulement le CGA NRP au lieu de les garder tous les deux dans ce texte. Nous en déduisons qu'il y a certainement plusieurs autres CGA qui figurent dans cette liste alors qu'ils ne sont plus fonctionnels comme le CGA MANAGIS

[211]Rapport issu de l'étude en vue d'identifier les obstacles au développement des CGA prescrite par la décision n° 000154/MINFI/DGI du 5 mars 2014, p. 3.

CONSULTING. De même, nous remarquons que le CGA LEADERSIDE n'a jamais figuré dans le fichier des CGA mis en ligne par la DGI et pourtant, le nom de ce CGA apparaît dans cette décision du MINFI. A contrario, il y a le CGA NGUEULEUMO qui figurait avant et après septembre 2020 dans ce fichier des CGA mis en ligne par la DGI, mais à notre grande surprise, il est absent de cette décision du 11 septembre 2020.

B. Le laxisme du MINPMEESA

Le MINPMEESA qui est le ministère de tutelle des CGA ne leur facilite pas la tâche. Celui-ci n'encourage pas vraiment les entreprises à se formaliser puisqu'il ne fait pas assez d'efforts pour que le statut de l'entreprenant[212] soit effectif. Pour formaliser une petite[213] entreprise individuelle, le CFCE qui a aussi pour ministère de tutelle le MINPMEESA requiert la somme de 41 500 F CFA[214]. Pourtant, si le statut de l'entreprenant était effectif, cette somme ne serait pas exigée ; ce qui encouragerait les petits entrepreneurs individuels à se formaliser et à penser peut-être à adhérer à un CGA. Pour comprendre pourquoi les petits entrepreneurs individuels ne sont pas encore

---

[212]Loi n° 2015/018 du 21 décembre 2015 régissant l'activité commerciale au Cameroun, art. 12 (1) : « Tout entrepreneur individuel, personne physique dont le chiffre d'affaires annuel généré par ses activités de ventes ou prestations de services est inférieur à dix (10) millions de francs, bénéficie du statut de l'entreprenant comme prévu dans l'acte uniforme portant sur le Droit commercial général. Il est tenu de déclarer son activité au Registre du Commerce et du Crédit mobilier. »

[213]Entreprise réalisant un CAHT inférieur à dix (10) millions F CFA assujettie au régime simplifié

[214] 21 500 F CFA sont destinés à l'immatriculation au Registre du Commerce et du Crédit mobilier (RCCM) et 20 000 F CFA sont destinés au paiement de l'impôt lié au registre de commerce conformément à l'article 545 B (a) du Code général des Impôts.

dispensés d'immatriculation, ce CFCE nous a renvoyés au Tribunal de Première Instance. Nous avons été désagréablement surpris de constater que les Tribunaux de Première Instance de Bonabéri et Bonanjo où nous nous sommes rendus n'ont aucun dispositif prévu pour faire bénéficier le statut d'entreprenant aux petits entrepreneurs. L'un des responsables de l'immatriculation au RCCM nous a fait savoir que ce n'est pas sa faute si le Gouvernement ne fait rien pour que les dispositions de l'Acte uniforme du Droit commercial général en faveur des entreprenants soient appliquées[215].

---

[215] Acte uniforme relatif au Droit commercial général, 15 décembre 2010, art. 30. L'entreprenant est un entrepreneur individuel, personne physique qui, sur simple déclaration prévue dans cet Acte uniforme, exerce une activité professionnelle civile, commerciale, artisanale ou agricole.
L'entreprenant conserve son statut si le chiffre d'affaires annuel généré par son activité pendant deux exercices successifs n'excède pas les seuils fixés dans l'Acte uniforme portant organisation et harmonisation des comptabilités des entreprises au titre du système minimal de trésorerie.
Ce chiffre d'affaires annuel est en ce qui concerne les commerçants et les artisans, d'une part, celui de leurs activités de vente de marchandises, d'objets, de fournitures et denrées ou de fourniture de logement et, d'autre part, celui de leurs activités de prestations de services et, en ce qui concerne les agriculteurs, celui de leurs activités de production.
Lorsque durant deux années consécutives le chiffre d'affaires de l'entreprenant excède les limites fixées pour ses activités par l'État partie sur le territoire duquel il les exerce, il est tenu, dès le premier jour de l'année suivante et avant la fin du premier trimestre de cette année de respecter toutes les charges et obligations applicables à l'entrepreneur individuel. Dès lors, il perd sa qualité d'entreprenant et ne bénéficie plus de la législation spéciale applicable à l'entreprenant. Il doit en conséquence se conformer à la réglementation applicable à ses activités.
L'entreprenant, qui est dispensé d'immatriculation au Registre du Commerce et du Crédit mobilier est tenu de déclarer son activité tel qu'il est prévu dans le présent Acte uniforme.
Chaque État partie fixe les mesures incitatives pour l'activité de l'entreprenant notamment en matière d'imposition fiscale et d'assujettissement aux charges sociales.

Les CFCE et CGA ayant le même ministère pour tutelle, on s'attendait logiquement à voir une complémentarité entre ces organisations sur toute l'étendue du territoire national.

Le MINPMEESA qui est supposé apporter un appui aux CGA désinforme plutôt le public volontairement ou involontairement. En supposant qu'un promoteur de CGA veuille s'inspirer des statistiques concernant le nombre de TPE à Ngaoundéré en 2017 pour des prévisions, celui-ci sera exposé à des données inexactes. Le MINPMEESA insinue dans le tableau n° 10 évoqué plus haut qu'en 2017, il y avait 116 PE, 5 ME et 3 TPE[216] ; tandis que l'INS relève dans le tableau n° 8 que 161 094 représentant 79,2 % d'entreprises étaient des TPE en 2016[217]. En comparant les chiffres dans les neuf autres régions du pays dans ce tableau n° 8, on se rend compte qu'on ne peut pas avoir plus de ME que de TPE.

Dans une publication du MINPMEESA intitulée « Qu'est-ce qu'un CGA ? », il est indiqué que : « Pour adhérer au CGA, l'entreprise ne doit pas être soumise au régime de l'impôt libératoire et réaliser un chiffre d'affaires compris entre 15 et 250 millions F CFA. »[218] Pourtant, la loi de Finances n° 2010/015 pour l'exercice 2011 prévoyait que désormais, les adhérents aux CGA devront réaliser un CAHT inférieur ou égal à 100 millions de F CFA. [219]

La brochure pour la promotion des CGA qui nous a été remise en novembre 2019 au MINPMEESA à Yaoundé contient des noms et contacts des promoteurs de CGA erronés. Le nom du promoteur KOUSOK est non seulement

---

[216] Voir supra, partie 2, chap. 1, section 1, § 1, A.
[217] http://fiscalis.dgi.cm/modules/immatriculation/Consultation/listecontribuable.aspx, consulté le 20 novembre 2019.
[218] http://www.minpmeesa.gov.cm/site/pme/cga/, consulté le 9 novembre 2019.
[219] Loi n° 2010/015 du 21 décembre 2010, précitée, art. 118 al. 2.

mal écrit dans cette brochure, mais aussi dans le tableau n° 14 qui est une compilation de rapports d'activités de CGA faite par le MINPMEESA[220]. De plus, il y a une confusion de contacts téléphoniques entre celui du CGA CFCC et celui du CGA du cabinet FUOSSEU. Comme si cela ne suffisait pas, il y a également le nom du cabinet FUOSSEU qui est mal écrit ainsi qu'une erreur sur l'acronyme SYNEDEBOC.

L'autre incongruité que nous avons relevée est que s'agissant du nombre total d'adhérents dans les CGA, le MINPMEESA nous fait savoir à travers le tableau n° 14 que la somme correspond à 10 224 alors que nous avons obtenu 10 424.

Néanmoins, le MINPMEESA s'efforce de vulgariser les CGA à travers un son de cloche au cours des caravanes de sensibilisation des potentiels adhérents. Jusqu'ici, il y en a eu à Yaoundé,[221] Douala,[222] Bafoussam,[223] Garoua,[224] Maroua,[225] Ngaoundéré et récemment à Ebolowa[226] et Limbé. La 5e édition s'est tenue à Ebolowa du 12 au 13 août

220 Voir tableau n° 14.

221 https://actucameroun.com/2017/09/24/cameroun-beneficier-avantages-fiscaux-petites-moyennes-entreprises-conviees-a-adherer-aux-centres-de-gestion-agreees/, consulté le 11 novembre 2019.

222 https://actucameroun.com/2017/09/24/cameroun-beneficier-avantages-fiscaux-petites-moyennes-entreprises-conviees-a-adherer-aux-centres-de-gestion-agreees/, consulté le 11 novembre 2019.

223 https://www.camerpressagency.com/le-village-artisanal-de-bafoussam-dans-les-oubliettes/, consulté le 11 novembre 2019.

224 http://www.minpmeesa.gov.cm/site/le-minpmeesa-lance-la-4e-edition-des-caravanes-de-sensibilisation-sur-les-cga-a-garoua/, consulté le 11 novembre 2019.

225 https://rec237.org/focus-sur-la-4eme-edition-des-caravanes-de-sensibilisation-sur-les-centres-de-gestion-agrees-des-pme/, consulté le 11 novembre 2019.

226 http://www.minpmeesa.gov.cm/site/5eme-edition-de-la-caravane-de-sensibilisation-sur-les-centres-de-gestion-agrees-dans-la-region-de-sud/, consulté le 17 août 2020.

2020 à l'hôtel Bengo et au village artisanal régional. Plusieurs irrégularités ont émaillé cette caravane de sensibilisation devenue caravane de désinformation et de dépenses publiques mal orientées telles que relevées ci-après.

- Il y a eu une mauvaise communication autour de cet événement. Il était mentionné sur l'un des documents distribués aux participants que la caravane se tiendrait du 11 au 13 août 2020. Pourtant, ledit événement s'est tenu du 12 au 13 août 2020[227]. Tout en émettant des réserves, tout porte à croire qu'il n'y a que le journal radio CRTV de 13 heures[228] qui a permis au public chanceux d'avoir brièvement l'information sur l'événement qui était supposé se tenir le lendemain. Le MINPMEESA qui a pourtant un site web et est présent sur les réseaux sociaux n'a fait qu'une communication à postériori au lieu d'informer avant le jour J. Cela donne l'impression que le MINPMEESA ne voulait pas mobiliser le public. Quand on fait une comparaison entre la communication qu'il y a eu récemment autour du fonds d'appui au prototypage et cette caravane, il y a manifestement un grand fossé. On se rend bien compte que le MINPMEESA ne croit plus lui-même au message qu'il va porter au public au sujet des CGA. Tout se passe comme si c'est désormais juste une formalité pour justifier certaines dépenses publiques budgétisées. En effet, en 2017, la somme de 23 millions F CFA[229] a été mise à contribution pour sensibiliser les PME au sujet des CGA pour un résultat peu reluisant.

---

[227] https://www.facebook.com/minpmeesa/posts/420888180251 9887, consulté le 17 août 2020.
[228] http://www.crtv.cm/2020/08/le-jp-de-13h00-11-aout-2020/, consulté le 17 août 2020.
[229] Projet de performance annuelle du MINPMEESA, p. 25.

- On note aussi que les prospectus qui ont été distribués sont les mêmes que ceux de la caravane de 2019 au Grand Nord du pays. L'une des conséquences fâcheuses de cette situation est que d'une part, il y a des CGA qui ne sont peut-être plus fonctionnels, mais le MINPMEESA continue de les compter sans se rapprocher du MINFI pour avoir la liste à jour. Ceci trahit le manque de collaboration entre ces deux ministères de tutelle de CGA. D'autre part, il y a de nouveaux centres de gestion qui ont eu un agrément et qui ne figurent pas sur ce prospectus à l'instar des CGA CCN, FISCAL.COM, Broad Range Consulting, etc. Soulignons tout de même qu'un mois après la tenue dudit événement (le 11 septembre 2020), le MINPMEESA a reconnu ses manquements à ce niveau et a promis au cours d'une réunion[230] avec les promoteurs de CGA de mettre à jour la base de données des CGA. L'autre conséquence liée à cette dernière caravane c'est que les nouvelles dispositions édictées dans la loi de Finances pour l'exercice 2020 n'ont pas été prises en compte. Le prospectus distribué a favorisé la désinformation puisqu'il parlait encore de huit entreprises brassicoles habilitées à procéder à un abattement de 50 % sur le PSA alors que cette disposition a complètement changé[231].

---

[230] La promotrice du CGA GROUPE FISCAL.COM avec qui nous avons eu un entretien le 12 septembre 2020 nous a fait savoir qu'elle est la vice-présidente de la fédération des CGA. C'est ladite fédération qui a eu cette réunion avec le MINPMEESA. Cependant, la responsable des questions liées aux CGA au MINPMEESA nous a expliqué que certes les membres du bureau de cette organisation ont été élus au cours d'une assemblée générale, mais l'organe exécutif n'est pas encore opérationnel parce que le MINFI et le MINPMEESA n'ont pas encore entériné cela.

[231] Loi n° 2019/023 du 24 décembre 2019 portant Loi de Finances de la République du Cameroun pour l'exercice 2020, art. 119 al. 1.

- Il y a également le fait que sur 14 CGA apparaissant sur le prospectus de la caravane, à peine un promoteur implanté à Douala et Bafoussam était présent dans son stand le dernier jour. Ceci jette davantage un discrédit sur les avantages dont parle le MINPMEESA à adhérer à un CGA. Si les CGA ne sont pas présents à un événement qui leur est dédié, c'est simplement la preuve que le dispositif n'est pas assez incitatif pour drainer les promoteurs et adhérents de CGA.

Par ailleurs, soulignons tout de même que pour l'accompagnement des PME, en plus des CGA, le Gouvernement a mis sur pied au moins six dispositifs :

- Les CFCE[232], chargés de servir d'interface dans les procédures de création d'entreprises en 48 heures ;
- l'Agence de Promotion des PME (APME) qui est chargée quant à elle d'améliorer la compétitivité des PME à travers la fourniture des services d'assistance et de soutien ;
- la Banque camerounaise des PME (BC-PME) qui a pour mission phare le financement des PME[233] ;
- le Bureau de Mise à Niveau (BMN), chargé de mettre en œuvre la politique publique relative à l'appui destiné à la mise à niveau et la restructuration des entreprises industrielles du Cameroun[234] ;
- la Bourse de Sous-Traitance et de Partenariat du Cameroun (BSTP-CMR), qui a pour « mission d'aider les entreprises membres à trouver de nouveaux clients et

---

232 En plus des PME, les grandes entreprises peuvent aussi s'y créer. Cependant, les entreprises qui sont au régime de l'impôt libératoire sont envoyées au centre des impôts de compétence pour leur création.
233 Annuaire statistique des PMEESA, p. 5.
234 http://bmncameroon.org/about/presentation/, consulté le 2 décembre 2019.

éventuellement à développer leur rentabilité à travers une analyse de leurs performances et procédés ainsi que l'accompagnement à terme de l'entreprise dans une utilisation rationnelle de ses ressources techniques et humaines »[235] ;

- le Fichier national des PME (FNPME)[236] qui a été lancé le 17 novembre 2019 est une base de données informatiques en ligne[237] qui permet de « mieux cerner la cartographie des PME, leur secteur d'activité, et surtout de mieux rationaliser les interventions des pouvoirs publics et des organismes qui accompagnent le développement de l'écosystème entrepreneurial ».[238] La loi n° 2015/010 du 16 juillet 2015 précise que pour bénéficier des programmes de l'État au profit des PME, il faut que la PME au préalable s'inscrive dans le FNPME et s'assure qu'au moins 51 % des parts du capital soient détenues par les Camerounais. Cette loi prévoit que le FNPME doit être tenu par le ministre en charge des PME ou tout autre organisme habileté à cet effet.[239]

---

[235] http://www.minpmeesa.gov.cm/site/ministere/structures-sous-tutelle/la-bourse-de-sous-traitance-et-de-partenariat-du-camerounbstp-cmr/, consulté le 2 décembre 2019.

[236] http://www.fnpme.cm/#/fichier_national, consulté le 3 décembre 2019.

[237] Arrêté n° 090/cab/pm du 29 octobre 2013 portant organisation du fichier national des Petites et Moyennes Entreprises, art. 2.

[238] https://www.cameroon-tribune.cm/article.html/29257/fr.html/viabilite-de-lentrepreuneuriat-le-combat-continue, consulté le 2 décembre 2019.

[239] Loi n° 2015/010 du 16 juillet 2015, précitée, art. 3.

Section 2 : Des dispositions impertinentes et perspectives d'améliorations

Au regard de la batterie de dispositions légales mal adaptées que nous relevons (§1), nous n'avons nullement le choix de penser que le CGA est un instrument institutionnel d'accompagnement des PME à parfaire (§2).

§1. Une batterie de dispositions légales mal adaptées

Notre regard critique concerne d'une part les avantages fiscaux accordés aux adhérents de CGA (A) et d'autre part les promoteurs (B).

A. Des mesures insuffisamment attractives à l'endroit des adhérents

Huit dispositions réunies dans le CGI 2020 concernent les adhérents de CGA : les articles 118 al. 2 à 4, 128 al. 20, C 12 al. 3 (1) et 119 al. 1 (2).

1. Les limites des articles 118 al. 2, 128 al. 20, C 12 al. 3

L'article 118 al. 2 du CGI 2020 dispose que : Peuvent être adhérentes aux CGA, les personnes physiques ou morales réalisant un CAHT inférieur ou égal à cent (100) millions de F CFA. Au départ, le plafond pour y adhérer était à 250 millions de F CFA, mais est descendu à 100 millions de F CFA dès 2010 peut-être pour une cohérence avec la loi sur les PME qui prévoyait que le CAHT maximum d'une PE est fixé à 100 millions de F CFA. Mais la révision de cette loi sur les PME en 2015 dispose désormais que le CAHT maximum d'une PE est de 250 millions F CFA. De plus, l'Acte uniforme révisé relatif au Droit des Sociétés commerciales et Groupement d'Intérêt économique[240] prévoit que l'une des conditions pour qu'une Société à Responsabilité limitée (SARL) ait l'obligation de nommer un commissaire aux comptes en son sein, c'est la réalisation d'un CAHT de 250 millions F CFA. Cela montre qu'une entreprise est vraiment mature lorsqu'elle a déjà 250 millions F CFA. Or, le CGA est là pour les entreprises qu'on juge vulnérables. Donc, logiquement, il doit y avoir aussi relèvement du CAHT plafonné pour adhérer à un CGA.

Les articles 118 al. 3 et 4 prévoient que : les droits d'adhésion aux CGA sont à l'intérieur d'une fourchette allant de F CFA 25 000 à F CFA 50 000 par an. Les montants des cotisations annuelles sont à l'intérieur d'une fourchette allant de : F CFA 50 000 à F CFA 150 000 par an pour les contribuables du régime simplifié, F CFA 50 000 à F CFA 250 000 par an pour les contribuables du régime du réel. Cette grille tarifaire est très avantageuse pour les acteurs du secteur formel qui payaient cher pour se faire assister par des conseils fiscaux non agréés CEMAC. Cependant, cette mesure n'est pas assez attractive pour les acteurs du secteur informel, car ceux-ci n'ont aucun intérêt à payer pour se faire assister alors qu'ils gagnaient déjà assez bien leur vie sans cette assistance.

Par ailleurs, ces sommes sont devenues comme un salaire de catéchistes pour les promoteurs de CGA. À cet effet, on se rend compte sur le terrain que ces promoteurs font une assistance qui laisse à désirer. Ils ne prennent pas la peine d'aider leurs adhérents à remplir leurs obligations fiscales à temps. La conséquence en est que ces adhérents ne bénéficient pas de l'abattement de 50 % comme prévu par la loi. Cette mauvaise qualité de service se justifie aussi par le fait qu'ils ont peu de personnels et bien entendu les

[240] Acte uniforme révisé relatif au Droit des Sociétés commerciales et Groupement d'Intérêt économique du 30 janvier 2014, art. 376.

rémunérations des adhérents sont insignifiantes. Cela ne les encourage pas à promouvoir le civisme fiscal comme prévu.

Hélas, certains dirigeants de CGA nous ont fait savoir que les pouvoirs publics ne leur octroient pas de subventions annuelles ; ce qui aurait pu combler le gap observé depuis la révision des tarifs à la baisse survenue en 2016. Bien que ces tarifs soient faibles, les adhérents ne paient pas fidèlement leur quote-part. En général, ils exigeaient la rétrocession de leurs précomptes avant de payer leurs cotisations annuelles. Le Docteur Albert Léonard DIKOUME avait prédit cet état de choses dans l'un des articles lorsqu'il disait en 2016 que : « la réduction des frais d'adhésion et des cotisations annuelles risquerait plutôt de décourager la création des CGA, dont les diligences attendues semblent de loin supérieures aux frais tels que revus. À défaut, l'activité des CGA pourrait nécessiter des subventions, ce qui n'est pas souhaité pour l'instant par les pouvoirs publics. »[241] Néanmoins, cette grille montre clairement que les personnes concernées sont celles du régime du simplifié ou du réel. Par conséquent, les entreprises au régime de l'impôt libératoire (secteur informel) n'ont pas leur place dans le CGA. Mais la réalité sur le terrain est toute autre.

L'article 128 al. 20 dispose que les adhérents de CGA sont exonérés de TVA sur les prestations facturées par les promoteurs. Cette mesure est la bienvenue, car elle permet qu'il n'y ait pas de surenchère du coût des prestations servies aux adhérents. Mais cette loi n'est vraiment pertinente que pour les entrepreneurs qui sont déjà formalisés et qui payaient assez cher pour se faire assister par les conseils fiscaux non agréés CEMAC. Elle ne peut

[241]https://www.linkedin.com/pulse/les-nouveautes-fiscales-en-2016-au-cameroun-albert-léonard-dikoume, consulté le 3 décembre 2019.

pas suffisamment séduire les entrepreneurs du secteur non structuré.

L'article C 12 al. 3 prévoit que les entreprises nouvelles qui adhèrent à un CGA bénéficient d'une exonération de la contribution des patentes pour une période de deux (2) ans. Cette exonération est bonne autant pour les nouveaux acteurs économiques déclarés, que pour ceux qui ne sont pas encore déclarés et qui veulent se mettre en règle. Cette décision est une bouffée d'air pour ceux qui veulent se lancer dans l'entrepreneuriat. Mais sur le terrain et surtout dans les zones rurales, le promoteur d'un CGA nous révèle encore que les inspecteurs des impôts sont très réticents quant à l'application de cette disposition. Ils continuent d'exiger le paiement de la patente lors du deuxième exercice. De nombreux entrepreneurs trouvent que cette exonération n'est pas avantageuse parce que le minimum à payer c'est 50 000 F CFA pour la patente qui est un impôt annuel, tandis que pour adhérer à un CGA, il faut payer au minimum 25 000 F CFA de droit d'adhésion et au minimum 50 000 F CFA de cotisation annuelle. Or, on sait que très souvent les premières années, une entreprise ne réalise pas de bénéfices. Donc, cela revient à donner de la main droite et récupérer davantage de la main gauche, ce qui n'est pas vraiment encourageant pour les nouvelles entreprises.

2. Les limites de l'article 119 al. 1

L'abattement de 50 % du bénéfice fiscal déclaré sans que l'impôt dû soit inférieur au minimum de perception. C'est une mesure salutaire pour les TPE et PE qui sont déjà formalisées. Cette réduction de moitié va permettre à ces structures de constituer une économie d'impôt et partant, renflouer leur trésorerie. Cependant, cette mesure ne peut à aucun moment attirer un entrepreneur du secteur informel à migrer vers le secteur formel. C'est incompréhensible lorsqu'on demande à quelqu'un qui gagne assez bien sa vie dans l'ombre, d'en sortir pour payer 50 % d'impôts alors qu'il ne payait rien, surtout qu'il n'a pas de garantie qu'il gagnera plus d'argent. Cela ne tient tout simplement pas la route.

L'abattement de 50 % sur la base de calcul du précompte sur achats des distributeurs, lorsque ces achats sont effectués auprès des producteurs ou distributeurs grossistes dont la liste est fixée par arrêté du ministre chargé des Finances. D'une part, cette disposition fait l'affaire des entrepreneurs du secteur brassicole dans la mesure où ils vont adhérer aux CGA pour gagner davantage. Le CGA SYNEDEBOC est surtout consacré aux distributeurs de boissons et compte le plus grand nombre d'adhérents comme nous pouvons le constater à travers les chiffres communiqués par le MINPMEESA dans le tableau n° 14. Par expérience, un promoteur de CGA nous a fait savoir que la majorité des adhérents des CGA proviennent du secteur brassicole et appartiennent au régime de l'impôt libératoire. La DGI le confirme lorsque sa base de données récapitulée dans le tableau n° 15 nous révèle que 5 960 adhérents aux CGA ont des activités liées au secteur brassicole soit 90,13 % et 5 174 adhérents aux CGA sont assujettis à l'impôt libératoire soit 78,24 %.

D'autre part, cette mesure aurait été congratulée si les grandes entreprises jouaient franc jeu, comme le disait un promoteur de CGA. Avant le 1er avril 2020, la SABC qui a le plus grand nombre de parts de marchés parmi les brasseurs se servait de cette loi pour contraindre ses clients à lui être fidèles. Cette contrainte était perceptible à travers la retenue illégale de précompte au taux de 5 % puis une rétrocession de 2,5 % lors du paiement des ristournes aux distributeurs du régime simplifié d'imposition et régime de l'impôt libératoire. Pire encore, cette rétrocession se faisait sur la base de la livraison de casiers de boissons et non en espèces. À cet effet, un client ne pouvait pas aller librement faire ses achats dans une autre société quand il sait que la récupération de son argent est conditionnée. On s'est rendu compte malheureusement que ces distributeurs cessaient d'être actifs dans un CGA dès qu'ils réalisaient que même en y adhérant, leurs précomptes retenus abusivement par la SABC n'étaient pas rétrocédés ou lorsque c'était fait, ces rétrocessions étaient effectuées soit à têtes chercheuses soit avec beaucoup de retard. Ils se demandaient donc pourquoi dépenser pour adhérer à un CGA et au final perdre plus d'argent.

Après moult tractations, la SABC s'est concertée finalement avec les CGA, leurs distributeurs grossistes et les représentants des syndicats des détaillants. Il a été décidé[242] entre autres que dès le 1er avril 2020, l'abattement de 50 % du précompte sur achats serait désormais incorporé immédiatement dans les prix lors de l'achat. Par conséquent, les distributeurs de la SABC adhérant aux CGA auraient des prix différents des non-adhérents et il n'y aurait plus de rétrocession au moment du paiement des ristournes comme cela se faisait dans le passé. Les distributeurs grossistes vérifieraient juste l'adhésion d'un distributeur détaillant en consultant le site web de la DGI au moment de l'achat. Cela permettrait à ces distributeurs détaillants de jouir pleinement de leurs droits comme le prévoyait la circulaire n° 004/MINFI/DGI/LRI/L du 24 février 2016 précisant les modalités d'application des dispositions fiscales de la loi de Finances pour l'exercice 2016.

Relevons tout de même que la DGI vient atténuer la pertinence de cette mesure à cause du grand retard observé dans la mise à jour du fichier des adhérents de CGA, ce qui empêche les distributeurs détaillants de bénéficier

---

[242] Voir les décisions concernant le PSA à partir du 1er avril 2020.

instantanément de l'abattement de 50 % sur le précompte sur achats.

La dispense de contrôles fiscaux sur place pour la période non prescrite pour toute adhésion effectuée avant le 31 décembre 2016. Cette loi est très louable pour les entrepreneurs qui ont adhéré aux CGA avant le 31 décembre 2016. Cette loi leur permet d'éviter de subir une vérification générale de comptabilité qui en général débouche sur un redressement fiscal. Mais sur le terrain et surtout dans les zones rurales, un promoteur de CGA nous a dit que les inspecteurs des impôts ne l'entendent pas de cette oreille. Ils ne tiennent pas en compte cette dispense. De plus, cette loi est limitée parce qu'elle profite simplement aux entrepreneurs qui ont adhéré au CGA avant le 31 décembre 2016. Ceci veut dire que ni un entrepreneur du secteur formel ni celui du secteur informel n'ont intérêt à se formaliser et adhérer à un CGA après le 31 décembre 2016.

L'application des pénalités de bonne foi pour les contrôles fiscaux couvrant la période postérieure à l'adhésion au CGA. Cette loi est attractive uniquement pour les entrepreneurs qui sont déjà immatriculés. Elle n'est aucunement intéressante pour ceux qui sont encore dans l'ombre, car dans l'anonymat, ils gagnaient déjà assez bien leur vie. Ils n'ont pas vraiment d'intérêt à se formaliser pour payer non seulement le principal de l'impôt, mais subir aussi des pénalités même si elles sont minimes.

Bien qu'il y ait eu toutes ces mesures fiscales dites incitatives au profit des adhérents de CGA, une étude menée par l'INS en 2016 et traduite dans le graphique n° 4 ci-dessous nous révèle un certain nombre de choses.

Graphique 4 : Opinions des chefs d'entreprises sur les obstacles à l'entrepreneuriat

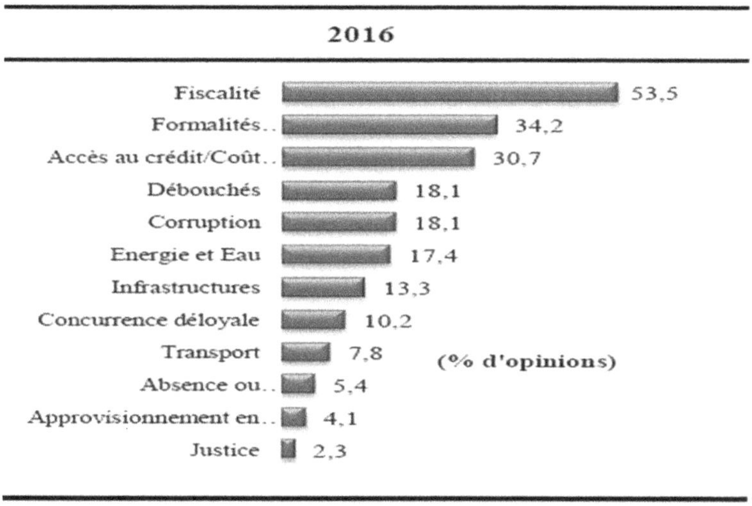

Source : INS

Il ressort de ce graphique que la fiscalité demeure le principal obstacle à l'entrepreneuriat avec 53,5 % d'opinions des opérateurs économiques, suivi par les formalités administratives et tracasseries avec les agents de la mairie ou de la communauté urbaine (34,2 %). Les problèmes de financement (accès au crédit, coût de financement) sont également pointés du doigt (30,7 %).[243] En outre, en faisant une étude comparative des performances du Cameroun dans le Doing Business 2020 avec les pays de la zone franc, on apprend que la création d'une entreprise coûte huit fois plus cher au citoyen camerounais qu'au citoyen ivoirien et que le Cameroun a le 5e taux d'imposition le plus élevé en matière de paiement des taxes et d'impôt.[244]

[243] INS, *Deuxième recensement général des entreprises en 2016 (RGE-2) : rapport principal*, précité, pp. 118-119.
[244] Annuaire statistique des PMEESA 2019, p. 15.

B. Les mesures peu incitatives au profit des promoteurs

Les promoteurs de CGA justifiant d'au moins 100 adhérents actifs bénéficient des avantages ci-après :

- Abattement de 50 % de l'impôt sur les sociétés ou de l'impôt sur le revenu des personnes physiques pour la part de leurs revenus tirés des activités des CGA sans que l'impôt dû soit inférieur au minimum de perception ;
- Exemption des charges fiscales et patronales sur les salaires versés aux personnels employés des CGA. (art. 119 al. 3 du CGI 2020).

Ces mesures seraient à féliciter à condition, en premier lieu, que les promoteurs de CGA réalisent un bénéfice. Or, tous ceux avec qui nous avons discuté disent ne pas trouver leur compte. Un promoteur de CGA qualifie l'assistance aux PME comme un sacerdoce. Une façon de dire qu'*il continue de fonctionner non pas parce qu'il gagne bien sa vie avec les CGA, mais simplement parce que c'est une vocation pour lui*. De plus, le fait que le DGI considère que les cotisations annuelles et les droits d'adhésion soient un bénéfice et non un chiffre d'affaires réalisé par les promoteurs de CGA dans la circulaire n° 004/MINFI/DGI/LRI/L du 24 février 2016 est davantage pénible.

En second lieu, il faudrait que les promoteurs de CGA paient convenablement leurs impôts. En effet, il est insensé de dire à quelqu'un qu'il bénéficie d'une réduction d'impôt alors même qu'il n'a pas l'habitude d'être en règle avec le fisc ou pire, n'effectue aucun paiement. Nous avons constaté que le CGA CCIMA est le seul CGA à figurer dans les fichiers des contribuables que nous avions consultés (octobre 2019 et février 2020). Le pire c'est que certains CGA ne savent même pas qu'ils ont l'obligation de payer la patente, l'impôt sur le revenu, etc. Par exemple, un responsable de CGA nous a confié que leur CGA paie seulement le droit au bail, mais ne paie aucun autre impôt sous prétexte[245] que le CGA est une association. La conséquence est que même si l'abattement de l'impôt sur le revenu est de 100 %, quasiment tous les CGA n'en ressentiront pas les effets positifs.

Comme nous avons pu le constater, plusieurs CGA ne figurent pas dans le fichier des contribuables. Cela les disqualifie automatiquement du bénéfice de la mesure de l'exemption des charges fiscales et patronales sur les salaires versés à leur personnel employé. Ces avantages ne sont donc pas vraiment pertinents à l'heure actuelle.

§2. Des perspectives d'améliorations

Comme disait le MINEPAT : « Mon souci le plus ardent est de voir l'ensemble des acteurs s'approprier ces résultats et d'en faire des outils de prise de décision pour améliorer la survie des PME qui constitueront des leviers pour la

[245] La circulaire n° 032/MINFI/DGI/LRI/L du 4 octobre 2019 précisant les modalités d'application des dispositions fiscales de la loi de Finances 2019 expliquait qu'« il faut entendre par contribuable professionnel, tout contribuable, personne physique ou morale réalisant une activité professionnelle, commerciale (industrie, négoce, prestation de service, etc.) ou civile (professions libérales), y compris les **associations**, fondations et organisations internationales ».
Soulignons aussi que le CGI 2020 dispose que sont exonérés du paiement de l'impôt sur les sociétés les bénéfices réalisés par les associations sans but lucratif organisant avec le concours des communes ou des organismes publics locaux des foires, expositions, réunions sportives et autres manifestations publiques correspondant à l'objet défini par leurs statuts et présentant un intérêt économique et social certain. Or, le CGA n'est pas concerné par cette exonération. Donc les déclarations de ce responsable de CGA ne sont pas tout à fait exactes.

croissance et les emplois décents[246] ». Nous proposons des réformes phares qui cadrent avec les recommandations[247] du récent rapport de l'INS sur la mortalité des entreprises (A) et d'autres mesures (B).

A. Des réformes phares pour la perfection du dispositif des CGA

Précisons d'abord que nos suggestions ne sont pas valables pour les entreprises qui bénéficient déjà d'un régime dérogatoire ou incitatif particulier à l'instar du décret du 2 septembre 2019 au sujet des avantages fiscaux dans les zones économiquement sinistrées, de la loi du 18 avril 2013 révisée le 12 juillet 2017 fixant les incitations à l'investissement privé au Cameroun, etc. Nous faisons les suggestions suivantes au Gouvernement.

---

[246] https://www.camerounweb.com/CameroonHomePage/business/Le-taux-de-mortalit-des-PME-est-de-plus-de-70-397246, consulté le 4 décembre 2019.

[247] INS, *Deuxième recensement général des entreprises en 2016 (RGE-2) : rapport thématique sur la mortalité des entreprises*, p. 33. Il s'agit d'(e) :

- **mettre en place un système de surveillance de proximité auprès des entreprises ;**

Ledit système aura pour objectif de pouvoir déceler à temps les signaux de détresse que pourrait émettre une entreprise et de le référer aux structures compétentes en temps opportun.

- **Entreprendre de nouvelles études plus systématiques sur la mortalité des entreprises ;**

À cet effet, il faudrait recueillir des données encore plus précises auprès des entreprises et des administrations compétentes.

- **Créer un environnement propice à la survie et à la pérennité des entreprises.**

À l'évidence, la création d'entreprises est pour le promoteur ainsi que la société une action indispensable à la création des richesses et emplois à court, moyen ou long terme. Mais pour que cette entreprise puisse jouer son rôle, encore faudrait-il la faire évoluer dans un écosystème favorable à sa croissance.

- Étendre l'abattement de 50 % du précompte sur achats à toute entreprise qui justifierait de son adhésion à un CGA à l'exception des entreprises au régime de l'impôt libératoire afin d'inciter celles-ci à formaliser leurs activités en migrant au moins vers le régime simplifié d'imposition. Cette extension de l'abattement de 50 % permettra aussi que les adhérents des CGA ne soient plus seulement en majorité du secteur brassicole.
- Sanctionner les entreprises qui procèderaient encore à une rétrocession de précompte sur achats en lieu et place d'un abattement lors des achats.
- Annuler le plancher de 50 000 F CFA de la patente en ce qui concerne les adhérents aux CGA pour permettre aux entrepreneurs qui sont au régime de l'impôt libératoire de migrer sans barrière aucune y compris le CGA qui vient de démarrer son activité.
- Mettre sur pied le dispositif nécessaire pour l'effectivité du statut de l'entreprenant.
- Exiger le remplissage des trois conditions **cumulées** suivantes pour bénéficier des programmes de l'État au profit des PME[248] :
  - Être inscrit dans le FNPME ;

[248] MINPMEESA, *Fonds de relance économique au profit du secteur productif : guide d'accompagnement des PME, artisans et organisations de l'économie sociale pour l'obtention des appuis directs,* septembre 2020. Il convient tout de même de féliciter le MINPMEESA qui a commencé à valoriser les CGA à travers ce récent guide d'accompagnement. Cependant, il faudrait qu'il tienne aussi compte de la condition de 51 % des parts du capital à détenir par les Camerounais. Par contre, le ministère du Tourisme et des Loisirs a rendu publics le 6 octobre 2020 les critères d'éligibilité pour la dotation du fonds de solidarité nationale pour la lutte contre le coronavirus et ses répercussions économiques et sociales. Les pièces exigibles ne contiennent pas la carte d'adhésion à un CGA pour ceux qui réalisent un CAHT annuel de moins 100 millions de F CFA.

- S’assurer qu’au moins 51 % des parts du capital sont détenues par les Camerounais ;
- Être adhérent à un CGA. Toutefois, une PME non adhérente indépendamment de sa volonté peut aussi bénéficier desdits programmes à condition de prouver que son CAHT est supérieur au plafond requis dans les CGA.

Cela veut dire par exemple que pour espérer bénéficier d’un crédit à la BC-PME, ces trois critères doivent être réunis.

- Exiger que la Caisse nationale de Prévoyance sociale (CNPS) finance exclusivement les adhérents aux CGA. Pour mémoire, au cours d’un séminaire[249] organisé par le groupement patronal Entreprises du Cameroun (ECAM), le directeur général de la CNPS avait affirmé que la CNPS finance les projets directement et qu’il y a 10 milliards de F CFA à mettre à la disposition des emprunteurs.
- Voir dans quelle mesure la Commission bancaire de l’Afrique centrale (COBAC) pourrait permettre que tous les adhérents de CGA bénéficient d’un crédit bancaire à des taux préférentiels et sur une durée deux fois plus longue que ce qui se fait actuellement sur le terrain.
- Ajouter à la liste des personnes habilitées à créer un CGA, les personnes titulaires d’un diplôme de niveau Baccalauréat + 5 ou Advanced Level + 5 en comptabilité, fiscalité ou audit financier ; ceci dans le but de lutter contre la clandestinité des conseils fiscaux non agréés CEMAC. En plus, comme nous l’avons vu plus haut, le décret n° 2000/002/PM du 6 janvier 2000,

[249] Ce séminaire s’est tenu à Douala le 25 juillet 2019 avec pour thème « accès au crédit : que proposent les institutions financières publiques et privées aux PME ? »

prévoit que : « Tout CGA est tenu de souscrire une convention d'assistance avec un expert de toute discipline dont le promoteur n'a pas la parfaite maîtrise, notamment avec des experts-comptables ou comptables agréés, des conseils fiscaux, des financiers et tout autre expert ».[250] Cette mesure permettra de réduire le chômage des jeunes et favorisera la présence de plus de CGA même dans les zones les plus reculées.

- Revoir à la hausse le plafond du CAHT permettant d'adhérer aux CGA. Passer de 100 millions de F CFA à 250 millions de F CFA, ceci pour être en phase avec la loi des PME de 2015 et engranger plus d'adhérents.
- Prescrire que lorsqu'une entreprise qui était adhérente à un CGA atteint ce nouveau plafond qui ne lui permet plus d'y adhérer, elle puisse bénéficier des présomptions de bonne foi lors d'éventuels contrôles à condition de choisir comme commissaire aux comptes, l'expert-comptable de ce CGA.
- Elle peut bénéficier aussi d'un abattement de 50 % jusqu'à la tranche de 500 millions de F CFA de CAHT à condition de choisir comme conseil fiscal celui de ce CGA ; ceci pour non seulement encourager les experts de l'ONECCA et de l'ONCFC à être membres du comité de direction de CGA, mais aussi pour assurer une transition afin qu'une PE grandisse et devienne une ME.
- Accorder une dispense de contrôle sur place pour la période non prescrite à tous les adhérents, et ce, **quelle que soit la période d'adhésion au CGA**. Ceci vient rétablir la justice entre nouvelles entreprises créées et celles créées avant le 31 décembre 2016.
- Disposer qu'à compter du jour où une entreprise n'est plus reconnue comme adhérente, le CGA informe par

---

[250] Décret n° 2000/002/PM du 6 janvier 2000, précité, art. 4 al. 1 et 2.

écrit son centre d'impôts ; cela déclenche immédiatement un contrôle sur place.

- Accentuer le contrôle fiscal des PE et TPE non adhérentes au CGA, ceci pour qu'elles soient convaincues d'avoir la paix uniquement lorsqu'elles adhèrent à un CGA.
- Subventionner les CGA à 100 %. Ceci implique l'adhésion complètement gratuite pour les adhérents aux CGA sauf les start-up innovantes du domaine des TIC. Toute l'assistance supposée être faite par un CGA doit être gratuite. Pour l'implémentation, il faut accorder 50 % du montant de l'acompte d'impôt sur le revenu de chaque adhérent au CGA comme subvention aux CGA. Cette subvention doit être considérée comme un chiffre d'affaires et non un bénéfice. Elle sera prélevée directement par le CGA avant la déclaration de la moitié restante. Ceci est fait pour contraindre les CGA à déclarer et payer leur part d'impôts. Cette disposition viendrait aussi résoudre au moins cinq problèmes :
    - Le problème de rentabilité dans les CGA puisque nous avons vu plus haut que les exigences à leur égard sont nombreuses, mais avec des cotisations annuelles très faibles depuis 2016. Bien que ces coûts aient été revus à la baisse, nous avons vu que certains CGA faisaient payer aux adhérents des frais qui ne sont pas prévus.
    - Cette gratuité que nous suggérons pour toute assistance viendrait ainsi rétablir la justice qui est un droit pour les adhérents.
    - Le prélèvement de ces 50 % par les CGA eux-mêmes permet aussi d'éviter des détournements au sommet de l'État ou des retards comme cela se voit dans les organismes qui dépendent de subventions de l'État.

- o L'incivisme fiscal des adhérents. Nous avons vu plus haut comment certains CGA aident leurs adhérents à frauder.
- o Mieux organiser les ressources du CGA pour qu'il fasse appel à d'autres experts (marketing, management, éthique fiscale, etc.) pour édifier les adhérents.

- Exiger que chaque CGA ait un compte bancaire et que tous les paiements des adhérents soient effectués via une banque afin que l'administration fiscale soit au courant instantanément de tout transfert d'argent effectué par un adhérent pour le compte du paiement de son impôt par le CGA et vérifier si celui-ci a versé les 50 %. Cela permettrait aussi d'évaluer instantanément la dépense fiscale au profit du CGA. À la fin du mois, le fisc pourrait demander un relevé bancaire des CGA pour plus de précisions.
- Installer un plugiciel[251] dans l'interfaçage « FISCALIS »[252] et « MESURE [253]». Ce plug-in permettrait aux promoteurs de CGA d'insérer ou d'enlever un adhérent sans avoir accès à l'application « MESURE ». Ceci permettrait au public d'avoir la liste des adhérents de tous les CGA à jour de façon instantanée et non pas d'attendre trop longtemps comme c'est le cas actuellement

---

[251] https://fr.wikipedia.org/wiki/Plugin, consulté le 4 décembre 2019. Add-on, plug-in ou module d'extension qui complète un logiciel hôte pour lui apporter de nouvelles fonctionnalités.

[252] http://teledeclaration-dgi.cm/, consulté le 4 décembre 2019. « Fiscalis » est une interface permettant aux contribuables de faire des télédéclarations.

[253] Joseph KOM, *Cours de télédéclaration des impôts et cotisations sociales, Université de Douala, Faculté des Sciences juridiques et politiques, Master 1 - Master 2 Fiscalité appliquée / Administration fiscale, mai 2018*, p. 4. « Mesure » est une application qui permet à l'administration fiscale de faire un traitement des déclarations fiscales. « Fiscalis » et « Mesure » sont interconnectés.

pour la mise à jour du fichier des adhérents de CGA. En plus des éléments qu'on y retrouve actuellement, cette liste devrait contenir la date d'adhésion du contribuable, le numéro d'agrément et le numéro de contribuable du promoteur. Cette liste permettrait par exemple à certains opérateurs économiques de juger de la crédibilité d'une entreprise avec qui ils veulent faire affaire et surtout de permettre aux distributeurs détaillants de bénéficier instantanément de leur abattement de 50 % sur le précompte sur achats. Le retrait d'un adhérent de ce fichier déclencherait immédiatement un contrôle sur place chez cet infortuné. Cela permettrait ainsi de profiter des bienfaits du numérique comme tel que débattu récemment à la conférence annuelle du Cercle de Réflexion et d'Échange des Dirigeants des Administrations fiscales (CREDAF)[254].

- Instituer la rémunération du whistleblowing[255] à 10 % s'agissant des infractions fiscales ou complicités incriminant un promoteur de CGA du montant mis en cause. Ceci permettrait d'encourager les employés de CGA ou autres personnes à faire des dénonciations lorsqu'ils sont témoins ou ont des preuves de faits graves. Cette mesure contraindrait les promoteurs de CGA à veiller sur leur intégrité jusqu'au bout.

---

[254] Cette 34e conférence annuelle s'est tenue du 10 au 13 juin 2019 à Yaoundé sous le thème : « le numérique au service de l'élargissement fiscal ».

[255]https://www.novethic.fr/lexique/detail/whistleblowing.html, consulté le 4 décembre 2019. Ce terme anglo-saxon intraduisible signifie littéralement "souffler dans le sifflet". Il recouvre tous les modes de dénonciation par les salariés des pratiques délictueuses au sein de leur entreprise. Aux États-Unis, pour faciliter le whistleblowing et tenter de prévenir des scandales comme celui d'Enron, la loi Sarbanes Oaxley sur la transparence financière recommande la mise en œuvre de procédures d'alerte en interne. Certaines multinationales ont mis en place des numéros verts qui offrent la possibilité de dénoncer des corruptions et malversations, sous couvert d'anonymat.

- Instituer une loi pour protéger ces lanceurs d'alerte.
- Exiger que les CGA envoient leur rapport d'activité chaque mois à la DGI et au MINPMEESA. Ce rapport devrait contenir des précisions sur le nombre d'adhérents, leur secteur d'activité, leur taille, le nombre de formations organisées au profit des adhérents (marketing, management, les innovations de la loi de Finances, l'éthique fiscale, la gestion, les technologies de l'information et la communication), des incidents survenus au cours du mois (départ d'un adhérent et motif).
- Contrôler chaque année si le cahier des charges des CGA est respecté et non tous les trois ans comme c'est prévu actuellement. Cela permettra de savoir sur quelle base proroger un agrément ou le retirer.
- Établir que les CGA soient responsables de la durée de survie ou la pérennité des adhérents. Toute mortalité enregistrée au sein de CGA devrait être justifiée par le CGA pour démontrer son niveau d'implication. S'il est avéré qu'un cas de décès aurait pu être évité par le CGA, alors celui-ci sera sanctionné sévèrement. Cette mesure permettrait de réduire le taux de mortalité des petites entreprises et obligerait le CGA à donner des formations adéquates à leurs adhérents.
- Privilégier les adhérents aux CGA du bénéfice d'un éventuel fonds de soutien aux PME affectées par la crise due à la COVID-19.

B. D'autres mesures visant à réduire les imperfections

- Exiger que les adhérents aux CGA mettent sur leurs documents à caractère commercial émis par eux, l'indication ci-après : « membre de centre de gestion agréé ».

- Exiger que tous les CGA se signalisent d'une enseigne comme le prescrit la loi. Le non-respect de ces mesures doit être vivement sanctionné.
- Exiger que le CGA tienne une comptabilité distincte. Ceci facilitera le respect du manuel de procédures soumis par le PASAPE en 2012 aux CGA. Cette distinction permettrait non seulement une transparence dans les CGA, mais aussi à l'État d'évaluer aisément ses dépenses fiscales.
- Exiger que les listes des conseils fiscaux et experts comptables soient accessibles à tous, notamment sur leurs sites internet respectifs afin que lorsqu'un individu est sanctionné dans son ordre, qu'il soit également remplacé dans le CGA qu'il dirigeait.
- Exiger que désormais, avant de faire une descente sur le terrain pour un contrôle, les agents du fisc ou de la mairie vérifient d'abord le fichier des adhérents de CGA. Si une entreprise est adhérente, alors elle ne subira aucune perturbation.
- Les CGA doivent être en contact permanent avec les différents incubateurs, les couveuses, les accélérateurs et les pépinières[256] d'entreprises du pays pour qu'il y ait une interconnexion qui facilite la création d'entreprises sous le bon choix du statut juridique et d'autres détails à savoir avant le lancement effectif.
- Exiger que le CFCE remette instantanément aux opérateurs économiques lors de la création de leur structure la liste et les adresses des CGA existants ou alors le lien qui leur permettrait de retrouver facilement ladite liste sur le site web de la DGI.

---

[256] Décret n° 2020/0301/PM du 22 janvier 2020 fixant les modalités d'accomplissement des missions des structures d'incubation des petites et moyennes entreprises, art. 2.

- Exiger que la DGI donne des statistiques plus pointues dans son rapport annuel en ce qui concerne l'évolution des TPE, PE, ME, mois après mois du CAHT, leur valeur ajoutée, des recettes fiscales, des dépenses fiscales, etc.
- Exiger que le MINPMEESA publie les données concernant le nombre de TPE, PE et ME créées par ville, car l'annuaire statistique de 2019 ne contient pas ces informations.
- Faciliter les obtentions d'agrément des centres de gestion comme en France. Pour obtenir ledit agrément, les personnes habilitées doivent déposer une demande auprès du directeur des services fiscaux du département dans lequel ils ont leur siège social sans avoir besoin d'aller à Yaoundé comme c'est le cas actuellement.
- Exiger que tous les textes qui encadrent les CGA soient traduits en anglais et mis à la disposition du public.
- Établir un nouveau cahier de charges plus détaillé, plus réaliste, et qui tient compte des paramètres que nous avons évoqués. S'assurer que chaque CGA ait un cahier de charges et un manuel de procédures et qu'il les mette effectivement en application.

Au regard des développements précédents, nous nous sommes rendu compte, d'une part que les différentes parties prenantes dans un CGA, chacune en ce qui la concerne, ne respectent pas leurs obligations. D'autre part, les mesures dites incitatives sont limitées.

Les mêmes causes produisant les mêmes effets, nous avons suggéré une nouvelle façon de procéder aux pouvoirs publics pour espérer avoir des résultats différents et plus significatifs.

CONCLUSION DE LA DEUXIÈME PARTIE

Nous avons relevé que le niveau de réalisation des attentes du Gouvernement relatives aux CGA est très faible, que la réglementation relative aux CGA est mal appliquée. L'analyse faite au sujet des mesures fiscales supposées inciter les adhésions aux CGA nous a conduits à la déduction selon laquelle elles ne sont pas entièrement satisfaisantes. Il est donc urgent pour les pouvoirs publics de prendre des mesures correctives. Nous en avons proposé quelques-unes.

CONCLUSION GÉNÉRALE

Cette étude avait pour ambition de savoir si les mesures fiscales incitatives et relatives à la promotion des CGA sont satisfaisantes.

Nos recherches nous ont permis de constater que les CGA ont fait leur apparition au Cameroun dans un contexte où le pays essayait de sortir la tête de l'eau à cause de la crise économique du milieu des années 1980. Pour tenter de réduire le taux de sous-emploi, freiner les activités du secteur informel et augmenter les recettes fiscales, le Gouvernement a estimé que les CGA viendraient à sa rescousse. C'est ainsi que la première loi encadrant les CGA voit le jour le 1er juillet 1996 à l'article douzième de la loi de Finances 1996/1997. Au moins quinze (15) autres textes sous forme de loi de Finances, d'arrêté, de décret, de circulaire, de cahier de charges et décisions ont régi l'encadrement des CGA pour leur perfectionnement jusqu'au 21 février 2020. Cette date est celle de la publication de la circulaire n° 006/MINFI/DGI/LRI/L précisant les modalités d'application des dispositions fiscales de la loi n° 2019/023 du 24 décembre 2019 portant loi de Finances de la République du Cameroun pour l'exercice 2020. Cette circulaire apporte également d'importantes précisions au sujet de l'arrêté n° 00000009/MINFI/SG/DGI du 15 janvier 2020 modifiant et complétant l'arrêté n° 00002/MINFI/SG/DGI du 5 janvier 2017 fixant la liste des entreprises autorisées à appliquer l'abattement de 50 % sur la base du calcul du précompte sur achats effectués par les détaillants adhérents des CGA auprès des grossistes et distributeurs des entreprises brassicoles.

Ensuite, nous avons observé que bien que plusieurs textes régissant les CGA existent avant 2008, la création des CGA a beaucoup traîné. Il a fallu que le DSCE mette un accent à ce propos pour que les lignes bougent. Le DSCE prévoyait que le Gouvernement ouvrirait des CGA à partir de 2009 pour inciter considérablement les opérateurs du secteur informel à se formaliser. La première phase de la mise en œuvre du DSCE a permis que trois CGA pilotes soient officiellement lancés le 3 mars 2010 avec l'aide du PASAPE.

Les objectifs fixés par le Gouvernement et ceux contenus dans le DSCE ont donné lieu à des réalisations mitigées. Le rapport d'enquête de l'INS montre encore un faible taux de tenue de comptabilité formelle et dépôt de DSF bien que les CGA existent depuis 2010.

L'analyse faite au sujet des mesures fiscales nous amène à conclure qu'elles ne sont pas assez efficaces. Il est urgent pour les pouvoirs publics de prendre des mesures correctives. Nous en avons proposé quelques-unes, dont un abattement de 50 % du précompte sur achats pour toute entreprise qui justifierait de son adhésion à un CGA à l'exception des entreprises au régime de l'impôt libératoire et un mécanisme pour octroyer une subvention assez conséquente aux promoteurs de CGA. Ces propositions nous semblent être en droite ligne avec la préoccupation du MINPMEESA qui disait : « Pour garantir la survie des PME, nous réfléchissons chaque jour davantage à ce dispositif qui va non seulement permettre de réduire la mortalité des PME, mais surtout de créer davantage d'opportunités pour ces structures. »[257]

---

[257] https://www.cameroon-tribune.cm/article.html/29257/fr.html/viabilite-de-lentrepreuneuriat-le-combat-continue, consulté le 2 décembre 2019.

BIBLIOGRAPHIE

I. OUVRAGES GÉNÉRAUX

CAD, *Glossaire des principaux termes relatifs à l'évaluation et la gestion axée sur les résultats*, Paris, OCDE, 2002, 40 p.

Michel COCHEREL, *Maîtriser son temps*, Paris, ESF, 1984, 127 p.

Suzanne QUIERS-VALETTE, *L'incitation : un nouveau concept de politique économique*, Paris, Hachette, 1978, 238 p.

II. ARTICLES

Anne Marie GEOURJON, Émilie CALDEIRA, « l'évaluation des dépenses fiscales : vers des réformes portées par le numérique », *Impôts-infos*, n° 0010, juin 2019, pp. 39-40.

Hervé NANA, « Les clients répertoriés dans le fichier de la DGI et inscrits aux CGA percevront la totalité de leurs rétrocessions », *La voix du barman*, n° 26, mars 2017, pp. 7-8.

Hervé NANA, « Non-paiement des précomptes : le grand bluff de la DGI et des CGA », *La voix du barman*, n° 26, mars 2017, p. 3.

Noé NDI MBERE, « Comment aider les PME et les TPE à se formaliser ? », *Bulletin du GICAM*, juin 2017, n° 70, pp. 3-4.

III. COURS POLICOPIÉ

Joseph KOM, *Cours de télédéclaration des impôts et cotisations sociales*, Université de Douala, Faculté des Sciences juridiques et politiques, Master 1 - Master 2 Fiscalité appliquée / Administration fiscale, mai 2018, 33 p.

IV. MÉMOIRE

Christian EKEN TCHOUKOANGO, *L'apport des centres de gestion agréés dans la fiscalité camerounaise, Mémoire en vue de l'obtention du* Master 2, Administration fiscale, Université de Douala, Faculté des Sciences juridiques et politiques, 2014-2015, 101 p.

V. TEXTES OFFICIELS

- **TEXTES INTERNATIONAUX**

Acte uniforme relatif au Droit commercial général du 15 décembre 2010

Acte uniforme révisé relatif au Droit des Sociétés commerciales et Groupement d'Intérêt économique du 30 janvier 2014.

- **TEXTES LÉGISLATIFS**

Loi n° 90/053 du 19 décembre 1990 relative à la liberté d'association

Loi n° 96/08 du 1er juillet 1996 portant Loi de Finances de la République du Cameroun pour l'exercice 1996/1997

Loi n° 2009/018 du 15 décembre 2009 portant loi de Finances de la République du Cameroun pour l'exercice 2010

Loi n° 2010/001 du 13 avril 2010 portant promotion des petites et moyennes entreprises au Cameroun

Loi n° 2010/015 du 21 décembre 2010 portant loi de Finances de la République du Cameroun pour l'exercice 2011

Loi n° 2015/010 du 16 juillet 2015 modifiant et complétant certaines dispositions de la loi n° 2010/001 du 13 avril 2010 portant promotion des petites et moyennes entreprises

Loi n° 2015/018 du 21 décembre 2015 régissant l'activité commerciale au Cameroun

Loi n° 2015/019 du 21 décembre 2015 portant loi de Finances de la République du Cameroun pour l'exercice 2016

Loi n° 2016/007 du 12 juillet 2016 portant Code pénal

Loi n° 2016/018 du 14 décembre 2016 portant loi de Finances de la République du Cameroun pour l'exercice 2017

Loi n° 2019/023 du 24 décembre 2019 portant loi de Finances de la République du Cameroun pour l'exercice 2020

Code général des Impôts, éditions 2020

- **TEXTES RÉGLEMENTAIRES**

Décret n° 2000/002/PM du 6 janvier 2000 portant organisation des centres de gestion agréés et fixant les avantages fiscaux des adhérents des centres de gestion agréés.

Décret n° 2001/380 du 27 novembre 2001 portant changement de dénomination et réorganisation de la

Chambre de Commerce, d'Industrie, des Mines et de l'Artisanat du Cameroun

Décret n° 2007/0456/PM du 29 mars 2007 modifiant et complétant certaines dispositions du décret n° 2000/002/PM du 6 janvier 2000 portant organisation des centres de gestion agréés et fixant les avantages fiscaux des adhérents des centres de gestion agréés

Décret n° 2011/1137/PM du 12 mai 2011 modifiant et complétant certaines dispositions du décret n° 2000/002/PM du 6 janvier 2000 portant organisation des centres de gestion agréés et fixant les avantages fiscaux des adhérents des centres de gestion agréés, et ses modificatifs subséquents

Décret n° 2020/0301/PM du 22 janvier 2020 fixant les modalités d'accomplissement des missions des structures d'incubation des petites et moyennes entreprises

Arrêté n° 079/PM du 29 mars 2007 fixant les modalités d'application du décret n° 2000/002/PM du 6 janvier 2000 portant organisation des activités de centres de gestion agréés et fixant les avantages fiscaux des adhérents des centres de gestion agréés ; décret modifié et complété par le décret n° 2007/0456/PM du 29 mars 2007

Arrêté n° 090/CAB/PM du 29 octobre 2013 portant organisation du fichier national des Petites et Moyennes Entreprises

Arrêté n° 00002/MINFI/SG/DGI du 5 janvier 2017 fixant la liste des grandes entreprises habilitées à appliquer un abattement de 50 % sur la base de calcul du précompte sur achats de leurs distributeurs adhérant aux CGA

Arrêté n° 00000009/MINFI/SG/DGI du 15 janvier 2020 modifiant et complétant l'arrêté n° 00002/MINFI/SG/DGI du 5 janvier 2017 fixant la liste des entreprises autorisées à appliquer l'abattement de 50 % sur la base du calcul du précompte sur achats effectués par les détaillants adhérents des CGA auprès des grossistes et distributeurs des entreprises brassicoles

Circulaire n° 126/MINFI/DGI/LC/L du 9 avril 2008 précisant les modalités de détermination du chiffre d'affaires des distributeurs de boissons hygiéniques.

Circulaire n° 004/MINFI/DGI/LRI/L du 24 février 2016 précisant les modalités d'application des dispositions fiscales de la loi n° 2015/019 du 21 décembre 2015 portant loi de Finances de la République du Cameroun pour l'exercice 2016

Circulaire n° 001/MINFI/DGI/LRI/du 12 janvier 2017 précisant les modalités d'application des dispositions fiscales de la loi n° 2016/018 du 14 décembre 2016 portant loi de Finances de la République du Cameroun pour l'exercice 2017

Circulaire n° 032/MINFI/DGI/LRI/L du 4 octobre 2019 précisant les modalités d'application des dispositions fiscales de la loi n° 201/022 du 11 décembre 2018 portant loi de Finances de la République du Cameroun pour l'exercice 2019

Circulaire n° 006/MINFI/DGI/LRI/L du 21 février 2020 précisant les modalités d'application des dispositions fiscales de la loi n° 2019/023 du 24 décembre 2019 portant loi de Finances de la République du Cameroun pour l'exercice 2020.

Décision n° 000154/MINFI/DGI du 5 mars 2014 relative à l'étude sur l'identification des obstacles au développement des CGA.

Décision n° 00000223/MINFI/DGI/LRI du 11 septembre 2020 portant désignation des inspecteurs assistants auprès des CGA

Note n° 1299/MINFI/DGI/LRI/L du 2 mars 2015 relative à l'application des dispositions de l'article C 12 du CGI

Cahier des charges des CGA

VI. RAPPORTS ET ÉTUDES

BIT, *Enquête auprès des entreprises informelles du Cameroun*, Cameroun, OIT, 2017, 164 p.

CAMERCAP-PARC, *Suivi de la démographie des petites et moyennes entreprises au Cameroun : dispositif de suivi de la mortalité des PME*, Volume 2, Yaoundé, CAMERCAP-PARC, septembre 2016, 36 p.

Confédération Suisse, *Cameroun : Rapport économique août 2016-mai 2017*, 12 p.

DGI, *Rapport annuel 2016,* 92 p.

DGI, *Rapport annuel 2017,* 116 p.

DGI, *Rapport annuel 2018,* 108 p.

INS, *Deuxième recensement général des entreprises en 2016 (RGE-2) : rapport principal*, Yaoundé, INS, septembre 2018, 179 p.

INS, *Deuxième recensement général des entreprises en 2016 (RGE-2) : rapport thématique sur la mortalité des entreprises,* Yaoundé, INS, mars 2019, 48 p.

INS, *Recensement général des entreprises (RGE 2009) : rapport principal des résultats*, Yaoundé, INS, septembre 2010, 115 p.

INS, *Répertoire et démographie des entreprises modernes en 2016*, 4e édition, INS, août 2018, 32 p.

MINPMEESA, *Annuaire statistique des PMEESA 2018, 72* p.

MINPMEESA, *Annuaire statistique des PMEESA 2019,* septembre 2020, 21 p.

Plan de modernisation des finances publiques du Cameroun : revue de mise en œuvre 2009-2012 et actualisation 2013-2015, rapport provisoire, novembre 2012, 123 p.

Rapport issu de l'étude en vue d'identifier les obstacles au développement des CGA prescrite par la décision n° 000154/MINFI/DGI du 5 mars 2014, 13 p.

Rapport unique valant 4e, 5e et 6e rapports périodiques du Cameroun au titre de la Charte africaine des Droits de l'Homme et des Peuples et premiers Rapports au titre du Protocole de Maputo et de la Convention de Kampala, 211 p.

VII. AUTRES DOCUMENTS

ABS-international, *Centre de Gestion agréée : guide de l'entrepreneur*, Douala, PASAPE, avril 2012, 18 p.

ABS-international, *Centre de Gestion agréé : manuel de procédures,* Douala, PASAPE, avril 2012, 133 p.

Attestation de création d'entreprise du CFCE de Yaoundé

DGI, *Fiche navette d'évaluation des candidatures des CGA*

Document de Stratégie pour la Croissance et l'Emploi (DSCE) : cadre de référence de l'action gouvernementale pour la période 2010-2020, août 2009, 174 p.

La Sainte Bible, version Louis SEGONG

MINEPAT, *Cameroun vision 2035,* février 2009, 76 p.

MINPMEESA, *Brochure de la 4e édition des caravanes de sensibilisation sur les CGA,* 17 p.

MINPMEESA, *Fiche de présentation de projet/ programme : assistance technique aux PME dans les CGA*

MINPMEESA, *Fonds de relance économique au profit du secteur productif : guide d'accompagnement des PME, artisans et organisations de l'économie sociale pour l'obtention des appuis directs,* septembre 2020, 16 p.

MINPMEESA, *Projet de performance annuelle du MINPMEESA*, 2020, 104 p.

VIII. WEBOGRAPHIE

- http://bmncameroon.org/about/presentation/
- http://fiscalis.dgi.cm/modules/immatriculation/Consultation/listecontribuable.aspx
- http://teledeclaration-dgi.cm/
- http://www.cabinet-thomaskousok.com
- http://www.fnpme.cm/#/fichier_national
- http://www.minpmeesa.gov.cm/site/le-minpmeesa-a-ngaoundere/
- http://www.minpmeesa.gov.cm/site/le-minpmeesa-lance-la-4e-edition-des-caravanes-de-sensibilisation-sur-les-cga-a-garoua/

- http://www.minpmeesa.gov.cm/site/ministere/structures-sous-tutelle/la-bourse-de-sous-traitance-et-de-partenariat-du-camerounbstp-cmr/
- http://www.minpmeesa.gov.cm/site/pme/cga/
- http://www.minpmeesa.gov.cm/site/premiere-edition-de-la-semaine-mondiale-de-lentrepreneuriat-au-cameroun-18-22-novembre-2019-plaquette-programme/
- https://actucameroun.com/2017/09/24/cameroun-beneficier-avantages-fiscaux-petites-moyennes-entreprises-conviees-a-adherer-aux-centres-de-gestion-agreees/
- https://citation-celebre.leparisien.fr/citations/120564
- https://citations.ouest-france.fr/citation-emile-de-girardin/gouverner-prevoir-rien-prevoir-courir-108794.html
- https://fr.m.wikipedia.org/wiki/Centre_de_gestion_agréé_(France)
- https://fr.m.wikipedia.org/wiki/Liberté
- https://fr.m.wikipedia.org/wiki/Loid%27orientationdu_commerce_et_de_l%27artisanat
- https://fr.wikipedia.org/wiki/Plugin
- https://rec237.org/focus-sur-la-4eme-edition-des-caravanes-de-sensibilisation-sur-les-centres-de-gestion-agrees-des-pme/
- https://www.cameroon-tribune.cm/article.html/29257/fr.html/viabilite-de-lentrepreuneuriat-le-combat-continue

- https://www.camerounweb.com/CameroonHomePage/business/Le-taux-de-mortalit-des-PME-est-de-plus-de-70-397246
- https://www.camerpressagency.com/le-village-artisanal-de-bafoussam-dans-les-oubliettes/
- https://www.google.com/amp/s/actucameroun.com/2017/09/24/cameroun-beneficier-avantages-fiscaux-petites-moyennes-entreprises-conviees-a-adherer-aux-centres-de-gestion-agreees/amp/
- https://www.google.com/amp/s/www.investiraucameroun.com/index.php/gestion-publique/3007-6582-cameroun-si-les-pme-contribuaient-a-50-du-pib-nous-serions-deja-un-pays-emergent-selon-etoundi-ngoa/amp
- https://www.impots.cm/fr/fichier-des-contribuables-non-professionnel
- https://www.impots.cm/index.php/fr/actualites/fichier-des-adherents-des-centres-de-gestion-agrees-cga
- https://www.investiraucameroun.com/entreprises/1808-9261-grace-au-rachat-des-actifs-de-nabco-source-du-pays-controle-desormais-58-du-marche-des-eaux-minerales-au-cameroun
- https://www.journalducameroun.com/un-nouveau-dg-a-la-tete-des-brasseries-du-cameroun/
- https://www.larousse.fr/dictionnaires/francais/royer/70143
- https://www.leplaisirdecrire.com/5-citations-sur-la-planification/

- https://www.linkedin.com/pulse/les-nouveautes-fiscales-en-2016-au-cameroun-albert-léonard-dikoume
- https://www.novethic.fr/lexique/detail/whistleblowing.html

LISTE DES TABLEAUX

LISTE DES GRAPHIQUES

TABLE DES MATIÈRES

Structures éditoriales du groupe L'Harmattan

L'Harmattan Italie
Via degli Artisti, 15
10124 Torino
harmattan.italia@gmail.com

L'Harmattan Hongrie
Kossuth l. u. 14-16.
1053 Budapest
harmattan@harmattan.hu

L'Harmattan Sénégal
10 VDN en face Mermoz
BP 45034 Dakar-Fann
senharmattan@gmail.com

L'Harmattan Cameroun
TSINGA/FECAFOOT
BP 11486 Yaoundé
inkoukam@gmail.com

L'Harmattan Burkina Faso
Achille Somé – tengnule@hotmail.fr

L'Harmattan Guinée
Almamya, rue KA 028 OKB Agency
BP 3470 Conakry
harmattanguinee@yahoo.fr

L'Harmattan RDC
185, avenue Nyangwe
Commune de Lingwala – Kinshasa
matangilamusadila@yahoo.fr

L'Harmattan Congo
219, avenue Nelson Mandela
BP 2874 Brazzaville
harmattan.congo@yahoo.fr

L'Harmattan Mali
ACI 2000 - Immeuble Mgr Jean Marie Cisse
Bureau 10
BP 145 Bamako-Mali
mali@harmattan.fr

L'Harmattan Togo
Djidjole – Lomé
Maison Amela
face EPP BATOME
ddamela@aol.com

L'Harmattan Côte d'Ivoire
Résidence Karl – Cité des Arts
Abidjan-Cocody
03 BP 1588 Abidjan
espace_harmattan.ci@hotmail.fr

Nos librairies en France

Librairie internationale
16, rue des Écoles
75005 Paris
librairie.internationale@harmattan.fr
01 40 46 79 11
www.librairieharmattan.com

Librairie des savoirs
21, rue des Écoles
75005 Paris
librairie.sh@harmattan.fr
01 46 34 13 71
www.librairieharmattansh.com

Librairie Le Lucernaire
53, rue Notre-Dame-des-Champs
75006 Paris
librairie@lucernaire.fr
01 42 22 67 13

www.ingramcontent.com/pod-product-compliance
Lightning Source LLC
LaVergne TN
LVHW010947061026
849535LV00007B/2605